职业院校课程改革特色教材（汽车类）
ZHIYE YUANXIAO KECHENG GAIGE TESE JIAOCAI (QICHELEI)

汽车营销一体化学生手册

车小平　总主编
马莉　刘宁　黄春芳　主编

人民邮电出版社
北京

图书在版编目（CIP）数据

汽车营销一体化学生手册 / 马莉，刘宁，黄春芳主编. — 北京 : 人民邮电出版社，2015.9（2017.1重印）
职业院校课程改革特色教材. 汽车类
ISBN 978-7-115-39737-9

Ⅰ. ①汽… Ⅱ. ①马… ②刘… ③黄… Ⅲ. ①汽车－市场营销学－高等职业教育－教学参考资料 Ⅳ. ①F766

中国版本图书馆CIP数据核字(2015)第197722号

内 容 提 要

本书与人民邮电出版社出版的《汽车营销一体化教程》一书配套使用，本书的编排顺序与主教材体系完全一致。

本书围绕着汽车发展简介、汽车销售人员的职业素质、汽车商务礼仪、汽车基础知识、汽车整车销售流程及话术技巧、汽车销售相关服务六大项目中蕴含的专业理论知识、任务实施步骤方法、操作细化流程、话术、技巧等内容设置练习题或测试题，同时还在技能性较强的学习任务中设置有技能训练项目，针对汽车营销工作中主要的营销服务技能都有具体的来源于企业的真实情境供学生训练，有企业认可的技能考核评价表供师生进行评价与反思，每项教学任务结束都有考核。

通过学习和训练，学生不仅能掌握汽车营销及汽车基础的理论知识，而且能掌握汽车销售顾问岗位的工作流程和常用的话术、技巧，以便胜任汽车销售公司销售顾问岗位的工作。

本书可作为中、高等职业院校市场营销、汽车营销及汽车相关专业的教学用书，也可供从事汽车销售的人员参考、学习、培训之用，还能为职业院校教师开展行动导向教学提供行之有效的教学素材。

◆ 总 主 编 车小平
主　　编 马 莉 刘 宁 黄春芳
责任编辑 刘盛平
执行编辑 刘 佳
责任印制 杨林杰

◆ 人民邮电出版社出版发行 北京市丰台区成寿寺路 11 号
邮编 100164 电子邮件 315@ptpress.com.cn
网址 http://www.ptpress.com.cn
北京鑫正大印刷有限公司印刷

◆ 开本：787×1092 1/16
印张：8 2015 年 9 月第 1 版
字数：203 千字 2017 年 1 月北京第 2 次印刷

定价：19.80 元

读者服务热线：(010)81055256 印装质量热线：(010)81055316
反盗版热线：(010)81055315
广告经营许可证：京东工商广字第 8052 号

汽车营销一体化学生手册

编 委 会

前言 PREFACE

本书与人民邮电出版社出版的《汽车营销一体化教程》一书配套使用。

从事汽车营销、市场营销等专业教学的中、高职院校教师常常苦于在理论讲授之后缺乏与实际工作对接的，供学生在校进行操作训练，能进一步夯实学生的理论知识，提高岗位营销服务技能的具体训练项目和素材。

本书以汽车销售顾问岗位典型工作任务中相关的专业理论知识、任务实施步骤方法、操作细化流程、话术、技巧等内容设置练习题或测试题；同时还在技能性较强的学习任务中设置有技能训练项目，每个主要的项目都有考核。学生技能训练的情境内容与企业的真实销售情境对接，学生技能训练的方法与企业员工培训演练方法对接，技能训练的考核和评价与企业对接。每个任务结束后还有学习成绩统计表，形成了一体化课程教学质量评价体系。

学生不但可通过手册中的练习题进一步巩固所学的专业理论知识，还可以按照其中的技能训练项目进行训练，提高自己的汽车营销技能。同时，学生可以根据手册中的考核表进行自评和互评，教师可根据考核表对学生综合职业能力和职业素质进行考核评分。

由于时间仓促，编者水平和经验有限，书中难免有不妥和疏漏之处，敬请各位专家、同仁和广大读者批评指正。

编者

2015 年 6 月

目录 CONTENTS

项目一 1 汽车发展简介

任务一 各国汽车发展简史

基础知识测试

一、选择题（第12、15题为多选题，其他为单选题，每题3分，共54分）

1. 一直以来，人们公认的世界汽车之都，被誉为汽车城的是（　　）。

   A. 美国的底特律　　　　B. 德国法兰克福

   C. 日本东京　　　　D. 中国上海

2. （　　）被公认为是以内燃机为动力的现代汽车的发明者。

   A. 卡尔·奔驰&威廉·戴姆勒　　　　B. 卡尔·奔驰&艾蒂安·勒努瓦

   C. 威廉·戴姆勒&艾蒂安·勒努瓦　　　　D. 卡尔·奔驰&艾蒂安·勒努瓦

3. （　　）年，德国人威廉·戴姆勒制成世界上第一辆四轮汽车，这年被称为汽车元年。

   A. 1886　　B. 1887　　C. 1890　　D. 1926

4. 世界五大车展不包括（　　）。

   A. 日内瓦车展　　B. 纽约车展　　C. 法兰克福车展　　D. 底特律车展

5. 关于概念车的叙述不正确的是（　　）。

   A. 是理想中的汽车　　　　B. 尚未进入市场

   C. 具有相当超前创意的新车型　　　　D. 每辆概念车最终都会进入市场销售

6. 成为我国汽车工业的标志和里程碑的汽车是（　　）。

   A. 东风牌汽车　　B. 凤凰牌汽车　　C. 上海牌汽车　　D. 红旗牌轿车

7. 世界上累计产量最高的汽车是（　　）。

A．迷你 MINI　　B．甲壳虫　　C．菲亚特　　D．福克斯

8．世界上第一台蒸汽机驱动的汽车在哪里诞生（　　）。

A．美国　　B．英国　　C．德国　　D．法国

9．结束了中国不能生产轿车的历史的汽车制造厂是（　　）。

A．第一汽车制造厂　　B．南京汽车制造厂

C．上海汽车制造厂　　D．第二汽车制造厂

10．1901 年，一个叫李恩思的匈牙利人将两辆美国生产的奥兹莫比尔汽车从香港运到（　　），从此中国开始出现汽车。

A．广州　　B．上海　　C．北京　　D．承德

11．以下哪一个车展是当今中国最权威，国际上最具影响力的车展？（　　）

A．北京车展　　B．上海车展　　C．成都车展　　D．广州车展

12．关于德国人费尔迪南特·波尔舍，下列说法正确的是（　　）。

A．天才的机械设计师

B．保时捷公司的创始人

C．大众汽车公司的创始人

D．他为奥迪公司设计的“银箭”赛车成为日后一级方程式赛车设计的基础

13．红旗、奔腾和马自达、夏利、威志、捷达、宝来、高尔夫、速腾、迈腾、CC 奥迪、普拉多等产品是属于（　　）。

A．东风集团　　B．上汽集团　　C．一汽集团　　D．长安汽车集团

14．马自达、卡罗拉、威驰、花冠、皇冠、锐志等车型是归属于（　　）。

A．一汽丰田　　B．广汽丰田　　C．广汽本田　　D．上汽集团

15．美国不设机械部或汽车部而用严厉的法规管理汽车企业，有下面哪些部门制定的法规（　　）。

A．美国能源部的平均油耗法，强迫车企改进生产线，降低油耗

B．交通部制定汽车召回法，对有安全问题的汽车强制召回

C．环保署制定空气清洁法，排放不合格的汽车不得上市

D．商业部负责汽车质量，制定汽车保用法，新车一年内同一系统出现了三次故障，车主就可凭三次保修点的发票，要求汽车公司退款或换车

16．上海汽车制造厂生产的第一辆轿车是（　　）牌轿车。

A．凤凰　　B．永久　　C．上海　　D．东方

17．我国唯一拥有全部知识产权的民族轿车是（　　）。

A．北京牌汽车　　B．红旗牌汽车

C．上海牌汽车　　D．桑塔纳汽车

18．上海大众、上海通用、上汽通用五菱、南京依维柯等企业都属于（　　）。

A．一汽集团　　B．上汽集团

C．东风集团　　D．长安集团

二、判断题（每题 2 分，共 24 分）

1．概念汽车（Concept Car）是汽车制造厂家在汽车展会上推出的，以体现制造厂家雄厚的科研和新产品开发能力以及厂家设计思想和水平的样车，同时也起“引导消费”的作用。（　　）

2．德国著名汽车设计师威尔海姆•迈巴赫，为戴姆勒的汽车装上钢质车轮、独立转向和世界上第一台齿轮变速器。（　　）

3．欧洲本是汽车发源地，但欧洲轿车的普及是靠推广微型汽车而实现的。（　　）

4．由于丰田生产方式的推广，使日本汽车工业在 20 世纪 70 年代进入世界汽车强国的行列，80 年代超过美国。（　　）

5．1956 年日本主要是靠政府颁布微型汽车法，给予微型车税收、保险、路桥费、驾照、车牌等很多优惠政策推动微型汽车工业的发展，后以低价策略打入美国，获得了巨大的成功。（　　）

6．在 1921 年 5 月，我国试制成功第一辆汽车——民生牌 75 型汽车。（　　）

7．汽车的诞生在欧洲，但是，以大规模生产为标志的汽车工业的形成是在美国，以后又扩展到欧洲、日本，直至世界。（　　）

8．西欧各汽车公司都通过微型汽车这个消费热点，发展成世界级的大汽车公司，大众汽车公司用在生产甲壳虫上赚的钱买下奥迪公司，成了档次齐全的大公司。（　　）

9．中国长安始终坚持“自主创新”与“合资合作”并举，先后携手福特、铃木（长安铃木、昌河铃木）、马自达、沃尔沃、法国标致雪铁龙集团（PSA）等跨国企业建立了战略合作伙伴关系。（　　）

10．蒙迪欧—致胜、福克斯、嘉年华、马自达 3、马自达 2、沃尔沃 S80L、沃尔沃 S40、羚羊、新奥拓等多款产品均属于上汽集团。（　　）

11．2004 年 6 月，上海国际汽车展顺利通过了国际博览联盟（UFI）的认证，成为中国第一个被 UFI 认可的汽车展。（　　）

12．长安汽车集团总部设在重庆。（　　）

三、填空题（每题 2 分，共 22 分）

1．日内瓦车展素有“________”之称，是欧洲唯一每年举办的车展。

2．________车展是世界规模最大的车展，有“汽车奥运会”之称。每两年举办一次。

3．东京车展具有鲜明的特点：日本本土车厂出产的五花八门、千姿百态的________汽车历来是车展的主角。同时，各种各样的汽车电子设备和技术也是展会的一大亮点。

4．作为浪漫之都的法国，________车展如同时装，总能给人争奇斗艳、别具一格的感觉。

5．上海车展创办于 1985 年，是中国最早的专业国际汽车展览会；逢________年举办，是亚洲最大规模的车展之一。

6．________车展是世界上最早的车展。

7．与国内其他三大汽车集团相比，________的产品线最为均衡，各品种、各档次车型全面覆盖。

8．宝马汽车主要有宝马 3 系、________系、________系、________系列汽车及双座篷顶跑车等。

9．________公司目前拥有 MINI、宝马、劳斯莱斯等品牌。

10．________公司目前拥有凯迪拉克、旁蒂克、别克、雪佛兰、通用悍马、铃木、欧宝、绅宝、富士重工、土星品牌。

11．中国汽车工业经过几十年的发展，现在已经形成了以四大汽车集团为代表的汽车产业格局，这四大汽车集团分别是中国一汽、________、________和________。

学习成绩统计

任务一的教学任务完成后，对本任务中的各个理论学习领域进行学习成绩统计，见表 1-1。

表 1-1　　　　任务一学习成绩统计表　　　　考核教师签字：________

序号	考核内容	配分	评分标准	自评	互评	教师评价	得分
1	有关汽车发展史的选择题	54	能正确完成所有选择题，每错一题扣3分				
2	有关汽车发展史的判断题	24	能正确完成判断题，每错一题扣2分				
3	有关汽车发展史的填空题	22	能正确完成填空题，每错一题扣2分				
合　计		100					

任务二　著名汽车品牌文化及标志

基础知识测试

一、填空题（每个车标1分，共30分，其余填空题每空1分，共10分）

1．以上五个标志分别是________________________________品牌。

2．以上五个标志分别是________________________________品牌。

3．以上五个标志分别是____品牌。

4．以上五个标志分别是____品牌。

5．以上五个标志分别是____品牌。

6．以上五个自主品牌分别是____。

7．保时捷的英文车标采用德国保时捷公司创始人________的姓氏。图形车标采用公司所在地斯图加特市的盾形市徽。

8．________汽车被誉为目前世界上最安全的汽车。

9．1958 年一汽员工制造出红旗牌轿车，这款轿车的动力系统和装备几乎和________汽车一样。

10．宝马标志中间的蓝白相间图案，代表________，________和旋转不停的________，喻示宝马公司渊源悠久的历史，象征该公司过去在航空发动机技术方面的领先地位，又象征公司一贯宗旨和目标。

11．奔驰的三叉星作为轿车的标志，象征____。

12．大众汽车公司的 Volks Wagenwerk，在德语意为________使用的汽车，标志中的 VW 为全称中头一个字母。标志像是由三个用中指和食指作出的“V”组成，表示大众公司及其产品________。它的创始人是德国人________，也是著名的汽车设计师。

二、选择题（共 30 分，第 6、7、8 为多选题，每题 5 分，其余为单选题，每题 3 分）

1．奥迪轿车的标志为四个圆环，代表着（　　）。

A．奥迪轿车开往四面八方　　B．奥迪轿车奔驰在四通八达的公路上

C．四种汽车品牌　　D．四个公司

2．吉利汽车是中国国内汽车行业十强中唯一一家（　　）轿车生产经营企业。

A．中央直属大型国企　　B．地方国企

C．民营　　D．合资

3．福特汽车的标志是采用福特英文 Ford 字样，蓝底白字。由于创建人亨利·福特喜欢小动物，所以标志设计者把福特的英文画成一只（　　）样子的图案。

A．小白兔　　B．蓝天白云　　C．狮子　　D．大象

4．雪佛兰商标表示图案化了的（　）标志，Chevrolet 是瑞士的赛车手、工程师路易斯·雪佛兰的名字。

A．兰花　　B．梅花　　C．十字　　D．蝴蝶结

5．具有“越野车中的劳斯莱斯”之称的汽车品牌是（　　）。

A．悍马　　B．JEEP　　C．路虎　　D．奔驰

6．保时捷盾形标志中包括下面的（　　）。

A．德国国徽　　B．黑色跃马

C．金黄色背景　　D．创始人的姓氏

7．LEXUS、Volvo、IVECO、Volkswagen 轿车的中文名字分别是什么？（　　）

A．雷克萨斯　　B．沃尔沃　　C．依维柯　　D．大众

8．属于意大利的著名汽车品牌有（　　）。

A．兰博基尼　　B．法拉利　　C．宾利　　D．帕萨特

三、判断题（30 分）

1．1976 年标致汽车公司与雪铁龙汽车公司组成标致集团，是欧洲第三大汽车公司。（　　）

2．劳尔斯·罗劳易斯汽车的标志图案采用两个“R”重叠在一起，象征着你中有我，我中有你，体现了劳尔斯和罗劳易斯两人融洽及和谐的关系。（　　）

3．诞生于英国，作为唯一拥有过 4 个英国皇室荣誉证书的汽车制造商，路虎在过去的 60 年里坚持只生产四轮驱动汽车。（　　）

4．玛莎拉蒂、法拉利和兰博基尼都是出自意大利的品牌。因此意大利也有“跑车之乡”的美誉！目前玛莎拉蒂和法拉利都被意大利第一汽车厂商菲亚特收购了！兰博基尼则是被德国奥迪收购。（　　）

5．丰田公司的三个椭圆的标志是从 1990 年年初开始使用的。标志中的大椭圆代表地球，中间由两个椭圆垂直组合成一个 T 字，代表丰田公司。它象征丰田公司立足于未来，以及对未来的信心和雄心。（　　）

6．沃尔沃汽车公司是德国最大的汽车企业，也是瑞典最大的工业企业集团、世界 20 大汽车公司之一，后被中国的吉利汽车收购。（　　）

7．红旗 L5 属于大型汽车，2014 年 APEC 会议期间，负责接送国外的高官。（　　）

8．比亚迪三个字母和一个椭圆组成的标志，BYD 的意思是 build your dreams，即成就梦想。（　　）

9．斯柯达（SKODA）是一家总部位于德国的汽车公司，也是世界上历史最悠久的 4 家汽车生产商之一。1991 年，斯柯达成为大众集团旗下的品牌。（　　）

10．凯迪拉克公司成立时之所以选用“凯迪拉克”之名，是为了向法国的皇家贵族、探险家安东尼·门斯·凯迪拉克（Le Sieur Antoine de la Nothe Cadillac）表示敬意。（　　）

学习成绩统计

任务二的教学任务完成后，对本任务中的各个理论学习领域进行学习成绩统计，见表 1-2。

表 1-2　　任务二学习成绩统计表　　考核教师签字：________

序号	考核内容	配分	评分标准	自评	互评	教师评价	得分
1	识别汽车车标	30	能正确识别				
2	有关汽车品牌与文化的填空题	10	能正确完成填空题				
3	有关汽车品牌与文化的选择题	30	能正确完成选择题				
4	有关汽车品牌与文化的判断题	30	能正确完成判断题				
合　计		100					

任务三　汽车市场相关概念及中国汽车市场现状和趋势

基础知识测试

一、选择题（第 4 题为单选题，其余为多选题，每题 5 分，共 40 分）

1．4S 店是一种以“四位一体”为核心的汽车特许经营模式，4S 是哪四个英文单词的字头缩写（　　）。

A．Sales 新车销售

B．Service 维修服务

C．Spare parts 零配件供应和 Survey 信息反馈

D．Spare parts 零配件供应和 Second car 二手车销售

2．由于汽车 4S 店与厂家之间建立了紧密的产销关系，所以它拥有（　　）的品牌特点。

A．统一的外观形象　　B．统一的标识

C．统一的管理标准　　D．只经营单一品牌

3．以下属于汽车“后市场”范畴的是（　　）。

A．汽车保险　　B．汽车维修　　C．汽车制造　　D．汽车保养

4．当前汽车厂家与汽车经销商之间的主要合作模式是（　　）。

A．品牌授权销售　　B．产品代理销售

C．产品批发销售　　D．产品终端直销

5．目前国际上流行的汽车分销模式有（　　）。

A．汽车专卖店　　B．汽车超市　　C．汽车大道　　D．网络直销

6．下列选项属于中国汽车行业未来发展的特点的有（　　）。

A．新能源汽车制造成为必争领域

B．汽车“后市场”行业快速增长

C．三、四、五线城市逐渐成为国内汽车营销的主战场

D．汽车营销模式正在由单一的4S店模式，快速向多种模式转变

7．进入2015年，下面哪些车的增速会继续保持较高的两位数增长（　　）。

A．轿车　　B．SUV　　C．MPV　　D．客车

8．采用先进管理模式与制造厂商联网的4S店配件仓库，做到（　　）。

A．准确订货　　B．快捷入库　　C．灵活结款　　D．保证原厂配件

二、判断题（每题2分，共20分）

1．4S是一种“四位一体”为核心的汽车特许经营模式，包括整车维修、零配件、售后服务、信息反馈等。（　　）

2．目前国际上流行业的汽车分销模式仅有汽车专卖店。（　　）

3．一汽大众连续多年成为中国汽车销量排名第一的汽车企业。（　　）

4．4S店的展厅一般分为车辆展示区，客户休息区，业务洽谈区，儿童游戏区等。（　　）

5．4S店是1998年以后才逐步由欧洲传入中国的舶来品。（　　）

6．2014年我国汽车产销量双双超过2300万辆，创全球历史新高，连续6年蝉联全球第一。（　　）

7．进入2015年，汽车的发展也从高速期进入了平缓期，汽车产销量的增速开始在低位徘徊。（　　）

8．在欧美国家成熟的汽车市场，“后市场”利润占整个产业价值链的60%，我国汽车“后市场”有很大的发展空间。（　　）

9. 2013 年我国二手车交易量 520 万辆，仅占保有量的 4%，而欧美成熟二手车市场交易规模约占汽车保有量的 20%。（　　）

10. 代理商与经销商的区别在于是否拥有汽车所有权，汽车代理商没有汽车所有权，而经销商则拥有。（　　）

三、实践题（40 分）

到汽车 4S 店参观见习，增加对汽车 4S 店整体情况的感性认识，同时了解汽车销售人员的岗位工作内容和职业规范，见习结束后，完成见习报告一份。

学习成绩统计

任务三的教学任务完成后，对本任务中的各个理论学习领域进行学习成绩统计，见表 1-3。

表 1-3　　任务三学习成绩统计表　　考核教师签字：________

序号	考核内容	配分	评分标准	自评	互评	教师评价	得分
1	有关汽车市场相关概念及中国汽车市场现状和趋势的选择题	40	能正确完成所有选择题				
2	有关汽车市场相关概念及中国汽车市场现状和趋势的判断题	20	能正确完成判断题				
3	4S 店的参观见习报告	40	按时参加见习，报告结构完整，语言通顺				
合　计		100					

项目二 2 汽车销售人员的职业素质

任务 汽车销售人员的职业素质

基础知识测试

一、选择题（30 分）

1．汽车销售顾问的具体工作不包含有（　　）。

A．销售导购　　B．客户开发　　C．汽车维修保养　D．交车

2．具体到某品牌汽车销售顾问岗位需要具备的知识归纳起来有（　　）。

A．汽车品牌知识　　B．产品知识

C．行业知识和市场知识　　D．流程知识

3．销售顾问要掌握的流程知识至少有哪些？（　　）

A．销售流程　　B．服务流程　　C．牌证流程　　D. 以上答案都不对

4．销售顾问要掌握的产品知识包括（　　）。

A．汽车的功能配置　　B．汽车技术参数

C．汽车核心卖点　　D. 竞品的产品知识及与我方对比的优劣点

5．对销售人员的要求一般有（　　）。

A．职业着装　　B．职业态度　　C．产品知识　　D．销售技能

二、填空题（15 分）

1．汽车销售顾问是指为客户提供________的专业汽车消费咨询和导购服务的汽车销售服务人员。

2．汽车销售人员要具备良好的礼仪素质、良好的________素质和良好的________素质，缺一不可。

三、问答题（20 分）

1．汽车销售顾问的岗位职责有哪些？

2．汽车销售人员需要具备哪些基本能力？

技能训练

为了将来做一名合格的汽车销售人员，请拟订一份职业素质提升计划书。（35 分）

____

____

____

____

____

____

____

学习成绩统计

本项目的教学任务完成后，对本项目中的理论学习领域、技能训练等成绩进行学习成绩统计，见表 2-1。

表 2-1　　项目二学习成绩统计表　　考核教师签字：________

序号	考核内容	配分	评分标准	自评	互评	教师评价	得分
1	对汽车销售顾问具体工作和所应具备的知识结构的了解	30	能正确完成所有选择题				
2	了解汽车销售顾问的概念及素质要求	15	能正确完成填空题				
3	对汽车销售顾问的主要职责和所应具备的能力的了解	20	能正确回答问答题				
4	职业素质提升计划书	35	有切实可行的具体方案				
合　　计		100					

项目三 3 汽车商务礼仪

任务一 汽车展厅常用商务礼仪

基础知识测试

一、填空题（每空 1 分，共 34 分）

1. 初次见面时应注视“许可空间”——上至对方的________，下至上衣的第________颗纽扣，左右以________为准的方框里。

2. 在沟通交流时应注视“社交注视区”——看对方________到________的“三角区”。

3. 两人在沟通时应保持目光注视时间，占到沟通交流时间的________%至________%。

4. 鞠躬时应面对受礼者距离约________步远，以腰部为轴，整个肩部向前倾________度～60 度，鞠躬时间为 2 秒至 5 秒钟之间。迎接客户时建议使用________度礼节，送别客户时应该使用________～30 度礼节。表示歉意使用________度礼节。

5. 在走廊引路时应走在客户左前方的________步处，引路人走在走廊的左侧，让客户走在路的________。要与客户的步伐________，不要过快和过慢。

6. 在楼梯间引路时，途中要注意引导和提醒客户，拐弯或有楼梯台阶的地方应使用________。

7. 客户入座时，帮助客户________椅子，或做请________的手势，待客户入座后再请求入座。

8. 名片交换：面带________，正视________，将名片的正面朝着对方。双手的拇指和食指分别捏住名片上端的两角送到对方胸前。身体略微前倾成________度角。接受名片后应表示十分珍惜，并现场________名片 10～30 秒时间，然后根据名片上的职务________一下对方，随后郑重其事地将名片放入自己的名片盒或名片夹中。

9．介绍集体时注意把个人介绍给集体，位________的集体介绍给位________的集体。

10．介绍的原则：让________优先了解情况。例如，介绍职位________的给予职位________的；将年________的介绍给年________的；将________性客户介绍给________性客户；将________公司的客户介绍给________公司的客户认识。

二、单项选择题（每题 2 分，共 10 分）

1．在给客户奉茶水时，如果从前面送入，应该从（　　）递给客户。

A．客户的正对面　　B．客户的左手

C．任意位置　　D．客户的右手

2．在给客户奉茶水时，如果从后面送入，应该从（　　）递给客户。

A．客户的头顶　　B．客户的左后方

C．任意位置　　D．客户的右后方

3．接听电话时，如果对方在介绍自己的时候你没有听清对方的名字，应该（　　）。

A．继续说其他事情

B．等下次来电再说

C．说“对不起”，并请教对方的名字“你是谁，请再说一遍”

D．以上都不对

4．在自我介绍时，商务礼仪中的四要素是指（　　）。

A．姓名、年龄、职称、单位名称　　B．单位名称、部门、职务、姓名

C．单位名称、学历、职务、姓名　　D．单位名称、职务、姓名、单位地点

5．在引导客户时，手掌应摆出与地面呈（　　）度。

A．0　　B．30　　C．45　　D．90

三、多选题（每题 3 分，共 6 分）

1．交换名片时应注意哪些礼仪？（　　）

A．接过他人的名片后从头到尾认真看一遍，切忌将对方的姓名、职务读出声

B．若对方是外宾，递送名片时应将印有英文的一面对着对方

C．接受他人名片时应恭敬，起身站立，面带微笑，目视名片

D．向多人递送名片，一定要按由尊而卑的顺序依次递送

2．自我介绍时要注意（　　）。

A．先递名片，再做介绍　　B．先做介绍，后递名片

C．长话短说　　D．内容完整

技能训练

实训任务 1

仪容仪表检测（25 分）按照表 3-1 的考评项来打分。

男女同学在实训时着装整齐，女同学化好淡妆来到实训室，先对照标准自我评价，然后接受同学互评及考评员评价。

表 3–1　　仪容仪表检测考核表　　被考评人：　　考评员：

检测项目	评价标准（打下划线即为考核点）	分值	自评	互评	考评员评价	得分
男性销售顾问仪容	头发：长度不超过 6cm；前不过眉，后不压领，鬓角不盖耳，不染发；面部清洁，不留胡须；手部干爽，清洁指甲，长度不能超过 2mm （有下划线的为考点，每一考点 5 分）	50				
男性销售顾问仪表	西服：三粒扣西装扣上面两颗纽扣，外形平整、清洁；西裤要有明显的裤线；衬衫外观平整、清洁，袖口和领口的长度要长于西装袖口和领口 2cm 左右；领带系好后应让外侧略长于内侧，标准长度应当是下端正好触及皮带扣的上端；领带结要端正、挺括、呈倒三角形；皮鞋是黑色系，带商务皮鞋和与皮鞋同色的袜子（有下划线的为考点，每一考点 5 分）	50				
男性销售顾问总分	100					
女性销售顾问仪容	头发：短发不过肩，长发应梳成发髻或马尾，刘海不遮眉毛，不染过于艳丽的发色和奇异发型；化适当的淡妆，口红不要过于艳丽；手部干爽，清洁；指甲长度不能超过 2mm，可用肉色指甲油 （有下划线的为考点，每一考点 5 分）	50				
女性销售顾问仪表	西服：保持西装扣扣上，外形平整、清洁；西裤要有明显的裤线；裙装长度要盖过膝部；衬衫外观平整、清洁，袖口和领口的长度要长于西装袖口和领口 2cm 左右；丝巾不能有皱褶、污渍。着黑色浅口皮鞋，肉色高筒丝袜；禁穿凉鞋或拖鞋；配饰：不在清理车辆时佩戴戒指和手链等饰品，不佩戴过大或过于夸张的耳环；不佩戴脚链（有下划线的为考点，每一考点 5 分）	50				
女性销售顾问总分	100					
折算分数	男生、女生分别折算考核分数，总分×25%=考核分					

实训任务 2

4S 店展厅标准仪态训练（50 分）按照表 3-2 的考评项来打分。

实训目标

掌握 4S 店各种标准仪态的要点，通过训练，能在 4S 店展厅工作中展示出应有的标准仪态。

实训过程

1. 观看 4S 店标准商务礼仪视频（教师在旁讲解、引导、点评），了解真实环境中销售顾问的仪容、仪表、仪态的要求。

2. 任务呈现。以小组为单位，进行仪态动作的训练，之后考核。

3. 分组。8 人一组展开演练（视班级人数而定），一名同学当本组观察员。时间允许的条件下互换角色。

4. 全班抽取责任心强的 5 人组成考评员。（也可直接由教师来考评打分）

5. 学生施行演练，在音乐声中，按规定完成微笑、站姿、走姿、坐姿、鞠躬、蹲姿、迎客、引领、握手、交换名片、送客等动作。

6. 本组观察员观察评估，教师指定一名学生全程录像（有条件的学校可以执行此方法），考评员打分。

7. 师生反馈。教师播放学生演练的录像（有条件的学校可执行此步骤），让学生与标准动作相对比，总结实训经验。学生分享（包括专业技能、工作态度及团结协作三个方面）本次实训的收获，指出要改进的地方。教师总结本次实训。

必要知识点讲解

参考一体化理论教程。

评价表

表 3-2　　4S 店展厅标准仪态训练　　被考评人（组）：________观察员（考评员）：________

评价项目及标准	分值	自评	互评	考评员评价	得分
1．微笑：真诚友好，发自内心，微笑露齿，目光专注，嘴角上扬	10				
2．站姿：（男士）身体保持正直、挺拔，两肩相平，双臂和手在身体两侧自然下垂或交叉放在腹前；右手成空拳状，左手自然放在右手手腕处；双脚成 V 字站立，脚跟并拢成 60 度角，或双脚微微张开但不要超过肩宽 （女士）身体保持正直、挺拔，两肩相平，双臂和手在身体两侧自然下垂或交叉放在腹前；膝部和脚跟应紧贴，且双脚成 45 度站立；身体重心应尽力提高，双手相扣微提放在腹前	10				
3．行走：（男士）双脚跟交替前进在一条直线上，双脚尖稍微外展（不要超过 30 度）；步度保持本人一脚之长度 （女士）双脚跟交替前进在一条直线上，面带微笑，目视前方，步伐从容，步态平稳，步速均匀	10				
4．坐：（男士）人体重心垂直向下，挺胸收腹，保持上身的正直；头部平正，双肩平正放松；双手自然放在双膝或扶手上；双腿可以并齐靠拢或略微分开（不能超过肩宽）；坐在座椅三分之二处 （女士）入座前应将裙装用手背向前拢一下；落座后，人体重心垂直向下，挺胸收腹，保持上身的正直；头部平正，双肩平正放松；双手自然放在双膝或扶手上；双腿必须靠拢，不能有缝隙，双脚跟紧贴	10				
5．蹲：保持与客户适中的距离，下蹲时侧对客户，上身挺直，双腿并拢收紧，外侧高、里侧低	10				
6．迎接：五步目迎，三步问候，点头示意，真诚微笑，目光正视	10				
7．握手：上身前倾，脚跟并拢，目视对方，面带微笑，稍事寒暄，虎口相交，力度七分，时间三秒，以客为尊	10				
8．引领：面带微笑，走在客户左侧前方，保持一臂距离，指示时五指并拢，手掌摆出后与地面成 45 度，手指并拢，引路时留意客户并提醒客户小心	10				
9．鞠躬：面对受礼者距离 2～3 步远，以腰部为轴，整个肩部向前倾 30 度~60 度；鞠躬时间为 2～5 秒之间；迎接客户时建议使用 15 度礼节，送别客户时应该使用 30 度礼节；表示歉意时使用 45 度礼节	10				
10．送客：面带微笑，送出门外，使用 30 度礼节；敬语："请慢走，一路平安！"挥手示意，目送离去	10				
总分	100				

实训反馈

通过录像对比（有此条件的学校可执行该步骤），或通过观察员的发言，学生反思本次

实训自己掌握了什么技能，不足的是什么，后续如何改进。（从专业技能、工作态度及团结协作方面总结）

学习成绩统计

任务一的教学任务完成后，对本任务中的各个理论学习领域、技能训练等成绩进行学习成绩统计，见表 3-3。

表 3–3　　任务一学习成绩统计表　　考核教师签字：

序号	考核内容	配分	评分标准	自评	互评	教师评价	得分
1	职业素养	2	工作纪律态度				
		3	团结协作程度				
		5	积极参与				
2	基础知识测试 折算系数为 0.3	15（50 分×0.3）	选择题（单选每题 2 分，多选每题 3 分，共 16 分）乘以折算系数 0.3				
			填空（每空 1 分，共 34 分）乘以折算系数 0.3				
3	实训任务一仪容仪表考核 折算系数 0.25	25	按照该任务评价表评分，再乘以折算系数 0.25				
4	实训任务二展厅接待仪态动作考核 折算系数为 0.5	50（100 分×0.5）	按照该任务二评价表评分，再乘以折算系数 0.5				
合　计		100					

任务二 与客户沟通的礼仪——语言表达

基础知识测试

一、选择题（每题 2 分，共 22 分。第 5、10、11 题为多选题，其余为单选题）

1. 在 4S 店上班的销售顾问，当客户进入时应（　　）。

A. 继续手中工作　　B. 与公司领导继续谈话

C. 迅速停止手中其他工作　　D. 坐在原地向客户打招呼

2. “您这个 LV 包很贵的，要两三万吧！”销售顾问运用了赞美的哪个小技巧（　　）。

A. 逢人减岁　　B. 遇物加价

C. 从否定到肯定　　D. 赞美客户最得意的事情

3. “张总，你真会保养，看起来就像 40 刚刚出头的样子。”销售顾问运用了赞美的哪个小技巧（　　）。

A. 逢人减岁　　B. 遇物加价

C. 从否定到肯定　　D. 赞美客户最得意的事情

4. “李先生，我刚刚听你一起来的朋友说你儿子考上了清华大学，你真是好有福气！”销售顾问运用了赞美的哪个小技巧（　　）。

A. 逢人减岁　　B. 遇物加价

C. 从否定到肯定　　D. 赞美客户最得意的事情

5. 赞美的几个关键点分别是（　　）：

A. 改变自己的心态，发现客人的优点

B. 赞美别人要说得翔实、具体，而不是套话和空洞的话

C. 必须要以事实为根据，不要违背事实

D. 不同人用不同的赞美之词

6. “张先生，听口音您是广东人，您是广东哪里的？我也是广东人哦。”销售顾问寒暄的

类型是（　　）。

A．攀认型　　　　B．问候型

C．赞美型　　　　D．敬慕型

7.“您是研究药物的，我先生在制药厂工作，咱们可算是近亲啊!”销售顾问寒暄的类型是（　　）。

A．攀认型　　　　B．问候型

C．赞美型　　　　D．敬慕型

8.“来这里多长时间啦，还住得惯吗?”“好久不见，您近来怎样？”销售顾问寒暄的类型是（　　）。

A．攀认型　　B．问候型　　C．赞美型　　D．敬慕型

9．比如，“久仰大名!”“早就听说过您!”“您的大作我已拜读，受益匪浅!”这些寒暄属于（　　）。

A．攀认型　　B．问候型　　C．赞美型　　D．敬慕型

10．什么是客户爱听的可以作为寒暄的话题，有以下这些（　　）。

A．提起对方的兴趣爱好　　　　B．提起对方的工作

C．提起时事问题　　　　D．提起孩子等家庭之事

11．作为寒暄的话题还有以下这些（　　）。

A．提起影艺及运动

B．提起对方的故乡和所读的学校，以及客人引以为豪的事情

C．提起健康

D．提起理财技术及街谈巷议

二、填空题（8分）

1．在体育比赛之前，都要做一些热身运动。其实，________就是交谈的热身运动，是为交谈做准备的，________是会客中的开场白，是交谈的序幕。

2．针对男性可以从以下这些方面赞美：________________________________。

3．针对女性可以从以下这些方面赞美：________________________________。

4．针对儿童、青少年可以从以下这些方面赞美：________________________。

5．针对老年人可以从以下这些方面赞美：______________________________。

技能训练

实训任务

在汽车商务实训室，进行赞美及寒暄技能的训练 50（100 分×0.5）按照表 3-4 的考评顶来打分。

情境 1

张先生与王小姐今年刚结婚，张先生是在南宁市华强路做文具批发生意，王小姐是本市一重点中学数学老师。他们俩刚结婚，资金不是很充裕。初次买车，所以张先生计划购买一辆 9 万元左右的车辆，主要用于日常生活出行及联系业务，偶尔张先生的妻子王老师也可以用。他们打电话到展厅询问，并应约周六到店里来看车，他们现在进入展厅了。

情境 2

一位中年客户和妻子一起过来看车，他们穿着运动装，妻子脸色红润。

情境 3

两位在本市做生意讲客家话的客户走进展厅。

情境 4

一客户带着一个孩子过来看车，孩子七八岁，背着一个书包。

情境 5

一位移动公司的老总，与他手下的两位职员一起走进展厅，他们想购买三菱的 SUV。

要求：每组出两位学生，分别扮演客户与销售顾问，并模拟展厅接待的情景。销售顾问要在尽量短的时间内找到和客户寒暄的话题并演练。

评价表

表 3-4　　赞美及寒暄技能考核评价表　　被考评人（小组）：________考评员（教师）：________

评价项目及评价标准	分值	自评	互评	考评员评价	得分
1．接待时礼仪礼节是否专业（是否使用敬语、恰当的问候语、站姿、微笑、15 度鞠躬礼等）（有下划线的为考点，每个考点 2 分）	10				
2．是否主动问好，自我介绍，交换名片，询问客户尊称，确认客户来意，始终尊称客户（有下划线的为考点，每个考点 2 分）	10				
3．销售顾问是否引导客户入座，告知可供选择的饮品种类并询问其选择，奉上饮品，让客户感到放松（有下划线的为考点，每个动作 5 分）	10				

续表

评价项目及评价标准	分值	自评	互评	考评员评价	得分
4．在谈购车之前是否先从寒暄开始，找到共同话题，营造轻松气氛	10				
5．寒暄话题的选择是否合适，是否符合实际情况	20				
6．寒暄方式恰当，无套话和空洞的话，善用技巧	20				
7．寒暄时是否注意自己的言行，随机应变	10				
8．客户是否感知到来自销售人员的绝对真诚，个性化的投入和关切	10				
总分	100				

学习成绩统计

任务二的教学任务完成后，对本任务中的各个理论学习领域、技能训练等成绩进行学习成绩统计，见表 3-5。

表 3-5　　任务二学习成绩统计表　　考核教师签字：________

序号	考核内容	配分	评分标准	自评	互评	考核记录	得分
1	小组活动中本人的贡献度	10	销售顾问（10） 顾客（7）、观察员（5） 脚本创作（8）				
2	职业素养	3	课堂纪律				
		3	团结协作程度				
		4	积极参与				
3	基础知识测试	30	正确完成选择、填空题				
4	实训任务——赞美和寒暄，折算系数为 0.5	50（100 分×0.5）	按照任务评价表评分，再乘以折算系数 0.5				
合　计		100					

项目四 4 汽车基础知识

任务一 汽车的组成、分类及汽车识别码

基础知识测试

一、填空题（每空1分，其中最后一题2分，共45分）

1．汽车一般都由四大部分构成：发动机、________、车身及________。

2．________是汽车的动力装置，是汽车的“心脏”。其作用是使燃料燃烧后产生________，然后通过底盘的传动系驱动汽车行驶。

3．________是汽车的基础，可以称为汽车的“骨骼”。其作用是接受________，使汽车产生运动，并保证汽车按照驾驶员的操控正常行驶；同时支撑、安装汽车其他各部件、总成。

4．一般汽车制动系至少有两套各自独立的制动装置，即________制动装置和________制动装置。

5．我国汽车电气系统的电压均采用12V和________V，负极搭铁。

6．汽车分为乘用车和________车。

7．乘用车指车辆座位少于________座(含驾驶员位)，以载客为主要目的的车辆。包括基本乘用车、________汽车、________汽车及其他车型。

8. MPV的全称是Multi-PurposeVehicle，即________汽车。它集________车、________车和厢式货车的功能于一身，车内每个座椅都可调整，并有多种组合的方式。

9．SUV车：全称是SportUtilityVehicle，中文意思是________汽车。现在主要是指那些设计前卫、造型新颖的四轮驱动越野车，在一定程度上既有轿车的舒适性又有越野车的越野性能。由于带有MPV式的座椅多组合功能，使车辆既可载________又可载________，适用范围广。

10．商用车指车辆座位大于________座(含驾驶员位)，以载货为主要目的的车辆。包括客车、载货车、________车、客车非完整车、载货车非完整车。

11．汽车按照排量来分，排量________升，叫微型轿车；排量大于 1 升，小于或等于________升，称为普通级轿车；排量大于 1.6 升，小于或等于 2.5 升，称为________级轿车；大于 2.5 升，小于或等于________升，称为中高级轿车；排量大于 4.0 升，称为________轿车。

12．德国大众是欧洲最大的汽车制造商，它的轿车分类法具有代表性。德国轿车分为 ABCD 级，其中 A 级车又可分为________、________级车，相当于我国微型轿车和普通型轿车；B 级和 C 级分别相当于我国的________级轿车和中高级轿车；________级车是豪华轿车，相当于我国大红旗等高档轿车。其等级划分主要依据轴距、排量、重量等参数。字母顺序越靠________，该级别车的轴距越长，排量和重量越大，轿车的豪华程度也越________。

13．汽车按空间组成划分为________厢车、两厢车、________厢车。

14．VIN 是汽车的身份证，每一车辆的 VIN 是唯一的，且在此________年内保证全球范围内不会重号。

15．VIN 码也叫________码。因为 ASE 标准规定：VIN 码由________位字符组成，所以俗称十七位码。它包含了车辆的________、________、车型、车身型式及代码、发动机代码及组装________等信息。

16．VIN 首位编码代表制造商，也就是哪个国家生产的，其中________代表美国、L 代表________国、V 代表________国、W 代表德国、K 代表韩国，等等。

17．VIN 第________位编码，它代表汽车的出厂时间。

18．

此图为车辆的________________________。

二、选择题（每题 5 分，共 10 分）

1．车辆识别代号（VIN 码）分为三部分，分别为（　　）。

A．世界制造厂特征代码 WMI　　B．车辆特征代码 VDS

C．车辆指示码 VIS　　D．主参数代码部分 ADE

2. 某汽车的 VIN 码是 LH17CKKF16H017533 该汽车制造商是哪个国家？哪年生产？（　　）。

A. 美国 2006 年　B. 中国 2006 年　C. 中国 2007 年　D. 韩国 1996 年

技能训练

实践题（45 分）

1. 在汽车构造实训室，在真车的环境下，指出汽车构造的四大组成部分。（16 分）

2. 对给出的各种汽车，进行正确的分类，指出哪些是微型车、小型车、紧凑型轿车，哪些是 B 级车，哪些是 C 级车、D 级车，哪些是 SUV、MPV，哪些是皮卡。（18 分）

3. 能读懂汽车铭牌上的信息，并向客户解释。（11 分）

学习成绩统计

任务一的教学任务完成后，对本任务中的各个理论学习领域、技能训练等成绩进行学习成绩统计，见表 4-1。

表 4–1　任务一学习成绩统计表　考核教师签字：________

序号	考核内容	配分	评分标准	自评	互评	教师评价	得分
1	汽车组成分类及识别码的理论知识（填空题）	45	能正确完成所有填空题				
2	简单读懂车辆识别码（选择题）	10	能正确完成选择题				
3	有关汽车构造、汽车分类、汽车铭牌的实践题	45	按照各点要求评分				
合　计		100					

任务二 市场常见车型详解

基础知识测试

一、填空题（每题 1 分，共 14 分）

1. ________车也被称为 A00 级车，其等级划分主要依据轴距、排量、重量等参数。

一般情况下，属于该级别的车其轴距在________米至________米之间，车身长度在 4.0 米之内，搭载的发动机排量在________升左右。

2．微型车的体积较________、油耗较________、价格________，所以比较适合代步。比较典型的微型车是铃木奥拓、________等。

3．进口到中国的奔驰 smart fortwo 和大众 up 售价超过________万，是最贵的微型车。它是针对追求时尚的年轻人设计开发的微型车。smart fortwo 在________洲取得了很好的销售业绩。

4．小型车也被称为________级车，一般情况下，属于该级别的车轴距为 2.3～2.45 米，车身长度在 4.0 米至 4.3 米之间，排量为________升，比较典型的小型车是大众 POLO、本田飞度、________等。

5．紧凑型车也被称为 A 级车，一般情况下，属于该级别的车其轴距范围约在 2.45～2.65 米之间，发动机排量在________升之间，比较典型的紧凑型车有________等。

6．中级车也被称为 B 级车，一般情况下，属于该级别的车，其轴距在 2.7 米至 2.9 米之间，车身长度在 4.5 米至 4.9 米之间，发动机排量在________升至 2.4 升之间，比较典型的中型车是宝马 3 系、本田雅阁，还有________等。

7．中大型车也被称为 C 级车，一般情况下，属于该级别的车其轴距约在 2.8 米至 3.0 米之间，车身长度在 4.8 米至 5.0 米之间，发动机排量超过________升，比较典型的中大型车是奥迪 A6L、________等。

8．现在的________一般是指那些以轿车平台为基础生产，在一定程度上既具有轿车的舒适性，又有越野车的通过性的车型。

9．豪华车可以分为两种，一种是民用级豪华车，也就是常规品牌的________车型；还有一种就是豪华品牌的豪华车型，它们的售价通常都不低于 300 万，并且加长现象非常普遍，车内空间________，很多车都是根据顾客的需求量身定做的，不少配置可以用“奢华”来形容。

10．面包车是________厢式结构。

11．现在的 MPV 首先是要具备________厢式结构，布局以轿车结构为基础，一般直接采用轿车的底盘和________，因而具有和轿车相近的外形和同样的驾驶感、乘坐舒适感。由于车身最前方是发动机舱，可以有效地缓冲来自正前方的________，保护前排乘员的安全。

12．________车一般为双门设计，车身较低、造型流畅，有着比较强烈的运动感，比如法拉利。

13．________是一种采用轿车车头和驾驶室，同时带有敞开式货车车厢的车型。

14．________车的高空间机能和越野能力，已经取代________成了休闲旅游的主要车型。

二、选择题（12 分）

1．本田飞度、丰田威驰、福特嘉年华属于（　　）。

A．微型车　　B．小型车　　C．紧凑型车　　D．中型车

2．大众高尔夫、速腾、雪佛兰科鲁兹、长安福克斯、斯柯达明锐、丰田花冠、卡罗拉等属于（　　）。

A．微型车　　B．小型车　　C．紧凑型车　　D．中型车

3．吉利熊猫、Smart Fortwo、奇瑞 QQ、铃木奥拓等车属于（　　）。

A．微型车　　B．小型车　　C．紧凑型车　　D．中型车

4．本田雅阁、宝马 3 系、大众迈腾、别克新君威、丰田凯美瑞 2.0G、奥迪 A4 等属于（　　）。

A．紧凑型车　　B．中型车　　C．中大型车　　D．大型车

5．A6L、宝马 5 系、奔驰 E 级、丰田皇冠、宝马 X6 等属于（　　）。

A．紧凑型车　　B．中型车　　C．中大型车　　D．大型车

6．玛莎拉蒂总裁、奥迪 A8L、宝马 7 系、奔驰 S 系、雷克萨斯 LS 等属于（　　）。

A．紧凑型车　　B．中型车　　C．中大型车　　D．大型车

三、判断题（10 分）

1．MPV 被越来越多的车企所接受，现在几乎每个厂商旗下都有至少一款 MPV 车型。据统计，如今在欧美发达国家，平均每三户人家就拥有一辆 MPV。（　　）

2．大部分奥迪汽车的型号是用公司英文（Audi）的第一个字母“A”打头，后面的数字越大表示等级越高：A2、A3 系列是小型轿车；A4 系列是中级轿车；A6 系列是高级轿车；A8 系列是豪华轿车。（　　）

3．许多 MPV 都是在轿车平台上生产出来的；如广州本田的 MPV 奥德赛，其车型开发完全是按照轿车的理念进行的，这点是 MPV 与轻型客车最大的不同。（　　）

4．SUV 的热潮最早从美国延烧开来，不仅欧美地区在流行，连远在亚洲日本和韩国的

汽车厂商也开始开发 SUV 的车款。（　　）

5．皮卡的载货能力和适应不良路面的能力比轿车还强。（　　）

技能训练

实践题：在校园或大型商厦的停车场观察并记录汽车产品的外部标识见表 4-2（共 63 分）

表 4–2　　汽车产品外部标识记录

	微型车	小型车	紧凑型车	中型车	中大型车	SUV	MPV
汽车品牌							
车型名称							
汽车类别（A\B\C\D 级）							
VIN 码							
制造国别							
生产年代							
生产企业							
空间划分（单厢\两厢\三厢）							
乘用车\商用车							
发动机排量（选填）							
变速箱形式（选填）							

学习成绩统计

任务二的教学任务完成后，对本任务中的各个理论学习领域、技能训练等成绩进行学习成绩统计，见表 4-3。

表 4–3　　任务二学习成绩统计表　　考核教师签字：________

序号	考核内容	配分	评分标准	自评	互评	教师评价	得分
1	各类型车的理论知识（填空题）	14	能正确完成所有填空题				
2	相同系列的竞品车所属的汽车级别（选择题）	12	能正确完成选择题				

续表

序号	考核内容	配分	评分标准	自评	互评	教师评价	得分
3	对各种车型特点的了解（判断题）	10	能正确完成判断题				
4	汽车产品外部标识的记录及判断（技能训练）	64	按照所学的知识进行记录和判断，并准确填入表格中				
合　计		100					

任务三　汽车主要技术参数和配置（一）

基础知识测试

一、填空题（每题 1 分，共 50 分）

有关汽车基本参数的知识

1．整车装备质量（整备质量）：汽车完全装备好，包括润滑油，燃料，________，________，及________等所有装置的质量。

2．最大装载质量：汽车在________时的最大装载质量。

3．车长（mm）：汽车长度方向________间的距离；车宽（mm）：汽车宽度方向________间的距离；车高（mm）：汽车________至地面间的距离。

4．轴距（mm）汽车________到________的距离。

5．轮距（mm）：同一车桥左右轮胎________间的距离。

6．最大爬坡度指汽车满载时在良好路面上________________________________。

有关发动机的知识

7．发动机放置以________轴划分，发动机整体在前轮轴前面的称为________（常用英文字母________表示）。

8．发动机整体在前后轴之间的称为________发动机（常用英文________表示），发动机整体在后轮轴后面的称为________（常用英文________表示），这类车型轿车比较少，典型代表车型就是保时捷 911。

9．曲轴和车体方向成直角的叫横置发动机，一般________车均为横置发动机，说得再简单点，当您站在车头前方，如果发动机________向放在您眼前就是横置式发动机，例如，大众速腾、标致 307、丰田凯美瑞等。

10．一般________驱车和________驱车多数都为纵置发动机，例如，奔驰 C 级、宝马 3 系、丰田锐志等。

11．发动机所有汽缸均按________排成一个平面，气缸是按直线排列的，我们称这样的发动机为________发动机，用字母 L 代表，后面加上汽缸数目就是发动机代号，例如，L4、L6 型发动机。L4 代表________________________________。

12．将所有汽缸分成两组，把相邻汽缸以一定夹角布置在一起，使两组汽缸形成________平面，从侧面看汽缸呈 V 字形，称为________发动机，用字母 V 代表，后面加上汽缸数目就是发动机代号，例如，V6、V8、V10 型发动机。V6 代表________________________。

13．直列发动机优点：结构________，制造成本________，稳定性________，低速扭矩特性好。V 型发动机高度和长度尺寸________，能够为驾驶舱留出________。但是结构较为复杂，不利于保养和维修，并且造价较________。

14．发动机按照进气方式分为________、涡轮增压和机械增压，涡轮增压发动机是依靠________来加大________的一种发动机。

15．多点电喷是现在的主流技术，目前大多数车型都采用了多点电喷发动机，例如，丰田凯美瑞、丰田威驰，其优点是按照每个气缸的需求实现精确的按需供油，显著降低了________和________。

16．如果发动机有若干个气缸，所有气缸________称为发动机排量，用升（L）来表示。

17．理论上排气量越大，________和扭矩就会越大。但这也不是绝对的，关键看对发动机的调校。同一款发动机，用在跑车上________调校就会比用在越野车上高，反之越野车的________会比跑车上的高。

18．负责向发动机内输入燃料或空气并排出废气的门叫________。

19．最大功率就是________。单位是千瓦或马力，千瓦英文缩写是________，马力的英

文是________。（1千瓦≈________马力）

20. 输出功率与发动机的转速关系很大，所以，最大功率的标注会同时标注千瓦数与相应的发动机转速，转速的表达方式是每分钟多少转（r/min）。例如，100kW(136ps)/6000r/min的意思是________________，通常最大功率决定了汽车的________________。

21. 扭矩俗称为发动机的________。在不同的________会有不同的扭矩。三菱劲炫车型卡写着该车最大扭矩 197/4200N·m/r/min，意思是________________。扭矩越大，显示汽车有更强的________能力（推背感）、爬坡能力和________力量。

22. 凸轮轴和气门的布置起的作用：控制气门的________和________动作。现代轿车发动机一般都采用了顶置式凸轮轴，凸轮轴分为________凸轮轴（英文为________）和________凸轮轴（英文为________）。

23. 发动机可变气门正时技术（Variable Valve Timing，VVT）原理是：根据发动机的运行情况，调整________的量，以及气门开合的________和________，使进入的________达到最佳，提高________效率。优点是________，改善________的性能。该技术不同厂家有不同叫法，________公司开发的称为 VVT-i，本田公司开发的称为________，________公司开发的称为 AVS 可变气门升程系统。

有关变速器知识

24. 变速器就是协调________的关系的装置，变速器是法国人________发明的。

25. 汽车变速器的功用：①扩大驱动轮转矩和转速的变化范围，以适应________，同时使发动机在________的工况下工作；②在发动机旋转方向不变的情况下，使汽车能________行驶；③利用________，使发动机能够启动、怠速，并便于变速器________或进行________。

26. 汽车的变速箱，大体分为________（英文________）和________（英文________）。如果驾驶者技术好，装________变速器的汽车在加速、超车时比________变速箱的车快，也省油。

27. 无级变速箱（英文________）它可以连续改变传动比，从而实现全程无级变速，使汽车的车速________，没有传统变速器换挡时________感觉。但它能克服普通自动变速器“突然换挡”、油门反应________、油耗________等缺点。

28. 例如，您在参数/配置页看到，“6 挡手自一体”这个参数是指：这个车型是普通________变速箱，带有手动控制挡位功能，有________个挡位。优点是驾驶者可以人为地强制变速箱升挡或降挡，更便于________。

有关车轮制动的知识

29．一般来说，汽车的刹车方式分为盘式、鼓式、通风盘和陶瓷通风盘式。盘式制动（实心/打孔）原理是通过制动片夹住制动盘的两侧，摩擦________，降低________，盘式制动排水效果好，制动效果稳定。

30．鼓式制动器靠________来实现制动。优点：制动力大；缺点：容易产生热衰减。

31．现在乘用车的前刹车大多都是________制动，大型车和微型货车上用________制动。

32．现在乘用车上驻车制动的操作方式可以分为________、________和电子驻车三种。

33．电子驻车控制方式从机械式手刹拉杆变成了________。

有关轮胎的知识

34．大部分轿车的前后轮胎规格是一样的。但是在少数跑车、后轮驱动等高性能特殊用途车辆上的前、后轮胎规格会有所不同。

35．一个规格标记为215/60R16的轮胎，其中215代表轮胎________是215mm，是两个胎侧之间的宽度（以毫米为单位），60表示轮胎断面的________是60%，即断面高度是宽度的60%，数值越小，越显扁平。“R”是指轮胎的结构，表示此轮胎为________，“16”代表轮辋即________直径是16英寸（以英寸为单位），此轮胎必须匹配________英寸的轮辋，否则无法安装。

36．国内常见的十大轮胎品牌，除了大家耳熟能详的米其林、固特异、马牌、锦湖，韩泰轮胎，还有____。

有关驱动方式的知识

37．汽车设计中，发动机只驱动一对前轮的动力分配方式，称为________；发动机只驱动一对后轮的动力分配方式，称为________；汽车前后轮都有动力，可按行驶路面状态不同而将发动机输出扭矩按不同比例分布在前后所有的轮子上，以提高汽车的行驶能力，这种驱动方式称为________。

38．大部分轿车都采用________驱动的配置，同时发动机一般是横置的。几乎所有赛车都采用________驱动，过去只有越野车采用________驱动，现在有些轿车上也用________驱动装置，比如，奥迪 A4quattro、奥迪 Q7、三菱欧蓝德四驱版。

39．全时四轮驱动的汽车的优点：善于________、________、________、________；缺点：________。

40．全时四驱就是在________提供驱动力，而且可以按行驶路面不同而将发动机输出扭矩按不同比例分布在前后所有的轮子上。

41．分时四驱就是由驾驶者________，实现________的转换。优点：动力性，通过性，燃油经济性较好。

42．如果汽车向左转弯，就要左边轮子慢一点，右边轮子快一点，用不同的转速来弥补距离的差异，________器就起到这个作用。

有关悬挂系统的知识

43．悬挂的主要作用是____________，比如支撑力、制动力和驱动力等，并且缓和由不平路面传给车身的________，保证乘员________，减小货物和车辆本身的动载荷。

44．典型的汽车悬挂结构由________、减震器以及导向机构等组成，这三部分分别起________、减振和________作用。

45．悬挂根据结构不同可分为________和________两种。

46．非独立悬挂更多用于________车和________车，现代轿车大都是采用独立式悬挂系统。

47．独立悬挂按其结构形式的不同可分为横臂式、纵臂式、________式、烛式以及________式悬挂系统等。

48．麦弗逊悬挂由螺旋弹簧、减震器、三角形下摆臂组成，是当今世界上用得最广泛的，普遍用在轿车的________，是一种经久耐用的独立悬架，具有很强的道路适应能力。丰田威驰 2014 款 1.5L 自动智享版的前悬挂采用________。

49．多连杆独立悬挂，可分为________和________。多连杆悬挂结构材料成本、研发实验成本以及制造成本远高于其他类型的悬挂，而且其占用空间大，所以，出于成本和空间考虑极少使用这种悬挂。

50．国内前后悬挂均采用多连杆的车型有：北京奔驰 E 级轿车、________、________。长安福特福克斯 1.8L 三厢车价格虽然才 12 万元左右，但其前悬挂采用________悬挂，后悬挂采用的是________悬挂。

二、选择题（每题 1 分，共 22 分）

（综合提高题，部分题目是中职汽车营销大赛选手的训练题，可选做。）

1．汽车参数中的轴距一般如何测算？（　　）

A．前横梁与后横梁之间的距离　　B．前轮与后轮轮轴之间的距离

C．前车桥与后车桥之间的距离　　D．车身长度

2．汽车轴距越长，则转弯半径（　　）。

A．越大　　B．越小　　C．不变　　D．都有可能

3．汽车转向时，内侧车轮的偏转角度（　　）外侧车轮。

A．大于　　B．小于　　C．等于　　D．不确定

4．燃油经济性的最常用评价指标是（　　）。

A．燃油消耗率　　B．等速百公里油耗

C．有效功率　　D．有效转矩

5．汽车的最高车速是指在（　　）行驶时所能达到的最高速度。

A．平坦公路　　B．空载

C．满载平坦公路　　D．高速路

6．按照发动机汽缸的排列形式，主要有（　　）。

A．直列发动机（L 型）　　B．V 型发动机

C．W 型发动机　　D．水平对置发动机（H 型）

7．我们常见的大众迈腾 1.8TSI，别克君威的 2.0T、1.6T 和大众帕萨特上面的 1.8T 是什么意思？（　　）

A．1.8L　　B．1.8L 机械增压

C．1.8L 涡轮增压　　D．1.8L 电喷

8．大众的 1.8TSI，奥迪的 3.2FSI，均采用（　　）。

A．单点电喷（SPI）　　B．多点电喷（MPI）

C．直喷式　　D．不确定

9. 气门的打开，靠（　　）。

A. 凸轮的推动力　　B. 气门弹簧的弹力

C. 惯性力　　D. 曲轴的推动力

10. 扭矩决定了车辆的（　　）性能。

A. 负重　　B. 加速　　C. 爬坡　　D. 高速

11. 自动变速器的传动效率比手动变速器效率（　　）。

A. 较低　　B. 较高　　C. 相等　　D. 很难判断

12. 自动变速器通常有 N、P、R、 D. 四种挡位，其中 P 代表（　　）。

A. 驻车挡　　B. 空挡　　C. 一挡　　D. 倒车挡

13. 下列有关自动变速器的说法，正确的是（　　）。

A. 自动变速器只能在 P 挡或者 N 挡的时候，才能启动发动机，因此不易造成误启动

B. 自动变速器无法以推车的形式发动发动机

C. 自动变速器的自动变速减轻了驾驶员的疲劳强度，使行车事故率降低

D. 自动变速器传动效率比手动变速器高得多

14. 东风 CA1092 型汽车驻车制动器属于（　　）结构类型。

A. 鼓式　　B. 蹄盘式　　C. 湿式　　D. 干式

15. 手刹一般用于（　　）。

A. 前轮制动　　B. 后轮制动

C. 前后轮同时制动　　D. 左后轮制动

16. 一个规格标记为 215/60R16 的轮胎，它的轮胎直径为（　　）。

A. 215 厘米　　B. 60 厘米　　C. 16 英寸　　D. 15 英寸

17. 下面关于乘用车的轮胎的描述，哪些是正确的。（　　）

A. 较小的轮胎规格在车辆行驶的过程中与地面的摩擦力降低，所以比较省油

B. 小规格轮胎负面影响是因为它的胎面直径有限，会大大降低它的通过性和舒适性

C. 大规格的轮胎会让整个车身看起来霸气十足

D. 大规格轮胎良好的贴地性保证了它的加速性能和在高速时的车身稳定性

18. 汽车驱动情况是 4×2，表示该汽车驱动轮数是（　　）。

A. 2 个　　B. 4 个　　C. 6 个　　D. 8 个

19．传动系的一般布置型式有（　　）。

A．发动机前置，前轮驱动　　B．发动机后置，后轮驱动

C．发动机后置，前轮驱动　　D．发动机前置，后轮驱动

20．前置发动机后驱动汽车采用的字母表示是（　　）。

A．FF　　B．MR　　C．FR　　D．4WD

21．越野汽车通常采用哪种驱动方式（　　）。

A．4×4　　B．前轮驱动　　C．2×2　　D．4×2

22．哪种悬挂的舒适性能是所有悬挂中最好的。（　　）

A．非独立悬挂　　B．麦弗逊式独立悬挂

C．双叉臂式独立悬挂　　D．多连杆独立悬挂

三、判断题（每题 0.5 分，共 5 分）

1．普通轿车大都是前置发动机。（　　）

2．很多双座的超级跑车均采用这种前置发动机的布置方式，例如，兰博基尼 LP640、法拉利 F430 等。（　　）

3．一般前轮驱动的车如大众、速腾、标致 307、丰田凯美瑞等，均为纵置发动机。（　　）

4．V 型发动机排量都比较大，一般都在 2.5L 以上。（　　）

5．目前只有两家公司采用水平对置发动机，分别是日本的斯巴鲁和德国的保时捷。（　　）

6．奥迪的 A8L 6.0 采用了 W12 发动机，布加迪威龙则是采用了 8.0L W16 发动机，W 型发动机一般都是大排量的发动机。（　　）

7．悬挂的构件虽然简单，但参数的确定却相当的复杂，厂家不但要考虑汽车的舒适性、操控稳定性，还要考虑到成本问题。（　　）

8．威驰 2014 款 1.5L 自动智享版的发动机参数是 1.5L 107 马力 L4，意思是发动机的排量是 1.5 升，最大功率是 107 马力，直列四缸的发动机。（　　）

9．一台发动机全部工作容积之和称为发动机排量。（　　）

10．现代涡轮增压技术做得最好的是瑞典的沃尔沃公司。（　　）

技能训练

试试看，谁能又快又准确地向客户解释车型卡的参数的含义（23 分）按照表 4-4 的考评项来打分。

教师在汽车 4S 店收集一定数量的车型卡作为实训材料，或在汽车之家网站上找出威驰 2014 款 1.5L 自动智享版或雪佛兰××款（教师根据学校实训条件自己定）的基本参数、车身参数、发动机参数、变速箱参数、底盘转向参数、车轮制动参数，学生每组出两人，一人扮演客户，一人扮演销售顾问，进行上述参数及其相关配置给客户带来的利益的模拟咨询。最后两人角色互换。其他同学当观察员打分，时间允许的话本组同学每人操作一遍。

表 4–4　向客户解释车型卡参数的考核评价表　被考评人（小组）：________　考评员（教师）：________

评价项目及评价标准	分值	自评	互评	考评员评价	得分
1. 基本参数，如图 4-1 所示，能正确解释	4				
2. 车身参数，如图 4-2 所示，能正确解释	4				
3. 发动机参数，如图 4-3 所示，能正确解释	4				
4. 变速箱参数，如图 4-4 所示，能正确解释	3				
5. 底盘转向参数，如图 4-5 所示，能正确解释	3				
6. 车轮制动参数，如图 4-6 所示，能正确解释	4				
总分	22				

实训材料：

以下为丰田威驰 2014 款 1.5L 自动智享版的部分参数：

基本参数

厂商	一汽丰田
级别	小型车
发动机	1.5L 107马力 L4
变速箱	5挡手动
长×宽×高(mm)	4410×1700×1490
车身结构	4门5座三厢车
最高车速(km/h)	190

图 4-1　丰田威驰汽车基本参数

车身

长度(mm)	4410
宽度(mm)	1700
高度(mm)	1490
轴距(mm)	2550
前轮距(mm)	1460
后轮距(mm)	1460
最小离地间隙(mm)	140
整备质量(kg)	1040
车身结构	三厢车
车门数(个)	4
座位数(个)	5

图 4-2　丰田威驰车身基本参数

配气机构	DOHC
缸径(mm)	72.5
行程(mm)	90.6
最大马力(Ps)	107
最大功率(kW)	79
最大功率转速(r/min)	6000
最大扭矩(N·m)	140
最大扭矩转速(r/min)	4200
发动机特有技术	Dual VVT-i

图 4-3 丰田威驰发动机基本参数

⊟ 变速箱

简称	4挡自动
挡位个数	4
变速箱类型	自动变速箱(AT)

图 4-4 丰田威驰变速箱基本参数

⊟ 底盘转向

驱动方式	前置前驱
前悬架类型	麦弗逊式独立悬架
后悬架类型	扭力梁式非独立悬架
助力类型	电动助力

图 4-5 丰田威驰底盘转基本参数

⊟ 车轮制动

前制动器类型	通风盘式
后制动器类型	鼓式
驻车制动类型	手刹
前轮胎规格	185/60 R15
后轮胎规格	185/60 R15
备胎规格	全尺寸

图 4-6 丰田威驰车轮制动基本参数

学习成绩统计

任务三的教学任务完成后，对本任务中的各个理论学习领域、技能训练成绩进行学习成绩统计，见表 4-5。

表 4–5 任务三学习成绩统计表 考核教师签字：________

序号	考核内容	配分	评分标准	自评	互评	教师评价	得分
1	有关汽车车身参数、发动机、变速箱、车轮制动、轮胎、驱动方式、悬挂系统等知识的了解（填空题）	50	能正确完成所有填空题，错一题扣 1 分				
2	有关汽车车身参数、发动机、变速箱、车轮制动、轮胎、驱动方式、悬挂系统等知识的综合掌握情况（选择题）	22	能正确完成所有选择题，错一题扣 1 分				
3	对本学习领域易错问题的判断（判断题）	5	能正确完成判断题				
4	本领域所要具备的技能—解释车型卡参数及其该配置给客户带来的利益。（技能训练）	23	能正确解释指定车型的基本参数、车身参数、发动机参数、变速箱参数、底盘转向参数、车轮制动参数及其相关配置给客户带来的利益				
合　计		100					

任务四 汽车主要技术参数和配置（二）

基础知识测试

一、填空题（每题 1 分，共 40 分）

关于主动安全系统

1．“ABS”中文译为________，它是一种具有防滑、防锁死等优点的汽车安全控制系统。

2．EBD 中文直译就是“电子制动力分配”，德文缩写为________，所以很多欧洲车用此表示，比如，奥迪 A6、宝来、高尔夫等。EBD 能够自动调节前后轴________，提高制动效能。

3．当汽车紧急刹车车轮抱死的情况下，EBD 在________动作之前就已经平衡了每一个轮的有效地面抓地力，可以防止出现甩尾和侧移，并缩短汽车制动距离。现在的 EBD 系统一般都是与 ABS 系统整合成一套系统存在的，称为________+________系统。

4．刹车辅助系统（BA/EBA/BAS）会监控驾驶员踩刹车踏板的频率和力量，在紧急的时刻辅助驾驶员对车辆施加________，从而缩短________，确保车辆安全。

5．牵引力控制系统（ASR/TCS/……）的作用是当车辆行驶在光滑路面时，如果动力输出过大，驱动轮转动过快，就会突破路面的抓地极限，出现________现象。这时候牵引力控制系统就会降低________，而使轮胎________状态下，保证________。

6．电子稳定控制系统简称________，它其实就是牵引力控制系统的升级版本。电子稳定控制系统是通过对四个车轮________来达到________目的。

7．首先发明电子稳定控制系统的公司是德国的________公司。电子稳定控制系统是一套非常有效且有必要的安全系统，能够大大地降低________。现在国内________的车型才会装配该系统，大部分家用车型都没有装配。吉利熊猫、丰田威驰、凯美瑞都没有配备，奥迪 A4L 配有。

8．高位刹车灯也叫________灯；防眩目后视镜由一面特殊镜子和两个光敏二极管及电子控制器组成，当强光照在后视镜上时，控制电路会使镜面________，以吸收后车带来________，削减________。

9．随动转向大灯（AFS）能保持________与汽车的________一致，以确保对前方道路提供最佳照明，并对驾驶员提供最佳可见度，从而显著增强了黑暗中驾驶的安全性。

10．儿童安全锁位于车辆的________位置，在锁止情况下，即使通过中控锁电动解锁，儿童安全装置仍处在________状态，车门只能从________打开，此时车内门拉手暂时失去作用。

11．倒车雷达能帮助驾驶员扫除________的缺陷，提高驾驶的安全性。现在一般的家用轿车只装有后方倒车雷达，只能监控后方的障碍物。而高档轿车在________都会装有雷达，这样前后左右的障碍物都能够勘测到。

12．可视倒车系统也叫作________系统，在车后安装________装置，通过车内的显示屏，清晰可见车后的障碍物。

13．智能钥匙是一种通过发射________信号来打开________、________和________，也可以操控汽车的________窗和________窗的钥匙。

14．定速巡航系统（Cruise Control System）缩写为________，________公司是汽车定速巡航系统的鼻祖。定速巡航系统的作用是用于控制汽车的________行驶，汽车一旦被设定为巡航状态时，发动机的供油量便由________控制，使汽车始终保持在________，而无须操纵________。

15．采用了定速巡航系统装置，当在高速公路上长时间行车后，减轻了________疲劳，同时减少了不必要的车速变化，可以节省________。原则上定速巡航要在________路上使用。

16．胎压监测装置就是一种能够实时监测________报警装置，一旦轮胎气压不正常，就会报警，提醒驾驶员检查轮胎，有效地避免了因轮胎所导致的交通事故。

17．据统计，国内高速公路________的意外交通事故是由爆胎引起的，零胎压继续行驶（RSC）其实是________轮胎，也叫作________轮胎所起的作用。防爆轮胎的作用：即使在轮胎压力完全消失为零的情况下，RSC 仍能够使驾驶者以中等车速继续________，实际如果遇到较大的破损（例如，被大面积尖锐物刺穿）或路面状况恶劣，行驶里程可能缩短为几十千米，驾驶者可以将车辆驾驶到不太远的维修中心对轮胎进行更换。

关于被动安全系统

18．安全气囊是最典型的被动安全配置，英文名称为________。其作用是减小汽车发生碰撞时由于________所造成的对车内人员的伤害。安全气囊用________气填充，一旦车辆发生碰撞，气囊就会________，以缓冲车内人员的撞击，减少伤害。

19．当汽车发生碰撞事故的一瞬间，乘员尚未向前移动时它会首先拉紧织带，立即将乘员紧紧地绑在座椅上，然后锁止织带，防止乘员身体前倾，有效保护乘员的安全，我们把这种装置称为________。

20．头颈部保护系统在发生碰撞时，头枕会________，同时座椅________，这样来减少碰撞对颈部带来的冲击。

21．汽车点火钥匙内装有电子芯片，每个芯片内都装有固定的ID（相当于身份识别号码），只有钥匙芯片的ID与发动机一侧的ID一致时，汽车才能起动，相反，如果不一致，汽车就会马上自动切断电路，使发动机无法启动。这种装置叫________。

22．现在很多高档车均使用激光焊接车身，它是利用________，将两块钢板内的分子结构打乱，分子重新排列使得________融为一体。所以从物理学上讲，激光焊接是把两块钢板变成了一块钢板，因此相比普通焊接来说，拥有更高的________。

23．为了提高汽车的被动安全，不少汽车公司就在汽车两侧门________中间放置一两根非常坚固的________（从外面看不到），这就是常说的侧门防撞杆。其作用是：当侧门受到撞击时，坚固的防撞杆能大大减轻车门的________。

关于便捷/舒适性配置

24．手动空调只能手动对冷/热风和风量进行________调节，不能设定________。自动空调可以________，从而保持车内温度的恒定。

25．帮助驾驶人员准确定位当前位置，并且根据既定的目的地计算行程，通过地图显示和语音提示两种方式引导用户到达目的地的汽车驾驶辅助设备叫________。

26．能自动辨识移动电话，不需要电缆或电话托架便可与手机联机；使用者不需要触碰手机（双手保持在方向盘上）便可控制手机，用语音指令控制接听或拨打电话。使用者可以通过车上的音响或蓝牙无线耳麦进行通话。该装置叫________。

27. 按摩座椅内有________装置，气压由________提供，座椅靠背内分别有4个或多个气压腔，实现对腰椎部的保护。

28. 多功能方向盘是指在方向盘________设置一些功能键，包括________控制，空调调节，________、________等。其好处在于驾驶员可以直接在方向盘上操控车内________，可以更专心地注视前方，大大提高________。

29. 可调节角度方向盘依照其调节方式可分为________调节、________调节、电动上下前后调节三种。

30. 外后视镜电动折叠指汽车外后视镜通过________而实现折叠的功能，自动调节后视镜是指在车内通过________，来调节镜面达到所需视角。

31. 不用把钥匙插入锁孔中就可以远距离开门和锁门，其最大优点是：不管白天黑夜，无须探明锁孔，可以远距离、方便地进行开锁和闭锁，这种钥匙称为________。

32. 可以显示室外温度、瞬时油耗、平均速度、平均油耗、续航里程、行驶时间等信息的系统叫________。

33. 随速转向系统（EPS）也叫________，是协助驾驶员作汽车方向调整，根据行驶的速度来改变________，现在几乎所有的轿车上都使用了助力转向。在低速行驶时助力大，比如在停车入位时，方向盘________；而在高速行驶时助力小，方向盘________，会觉得车辆________。

关于灯光配置

34. 在相同功率下，卤素灯的亮度能够达到白炽灯的________倍，寿命有________小时，是白炽灯的________倍。

35. 氙气大灯的全称是HID，是指________灯。氙气灯利用________，将汽车电池12V电压瞬间提升到________的触发电压，将氙气大灯中的氙气电离形成电弧放电并使之稳定发光，提供稳定的汽车大灯照明系统。

36. 氙气灯缺点：价格________和启动时间________。所以很多车子近光用________灯，远光还是选用________灯。其次，由于亮度过高，如不使用透镜进行调整，产生的光线很容易使对面驾驶员感觉________，存在一定安全隐患。

37. 知名厂商的LED灯寿命能够达到________个小时，基本上车开不动了，它还能正常使用，而能耗仅为卤素灯的________。LED只需要直流电压________V就可点亮，再也不用担心氙气灯两万多伏的电压。

38. ________灯几乎所有的特性都超越了现有的氙气大灯。

39. LED 头灯使用的是________管，从科技进步的角度来讲，肯定是________灯好于氙气灯，氙气灯好于________灯。

40. 汽车碰撞安全试验，除正面碰撞试验外，还有________碰撞试验。

二、选择题：（综合提高题，部分题是中职汽车营销大赛的比赛训练题，可选做）（每题 2 分，共 20 分）

1. 对 ABS 的描述，哪个正确？（　　）

A. ABS 具备普通制动系统的制动功能

B. 能防止车轮锁死

C. 使汽车在制动状态下仍能转向，保证汽车的制动方向稳定性

D. 防止在紧急刹车时因为车辆失控产生侧滑和跑偏

2. ESP 是什么？（　　）

A. 驱动防滑系统　　B. 牵引力控制系统

C. 电子稳定程序　　D. 电子油门

3. 每个汽车公司也有功能类似的电子稳定系统 ESP，只不过叫法不同，下面说法正确的是（　　）。

A. 丰田的 VSC　　B. 日产的 VDC　　C. 宝马的 DSC　　D. 本田的 VSA

4. 安全气囊有哪些？（　　）

A. 正面气囊（驾驶员和前排乘客各一个）

B. 侧气囊（前后排左右各一个，共 4 个）

C. 头部侧安全气帘（左右各一个）

D. 膝部气囊（前排左右各一个）

5. 氙气大灯的特点有（　　）。

A. 色温高　　B. 能耗小，寿命长

C. 亮度高，穿透力强　　D. 制造工艺简单

6. 属于“等会儿再亮”的汽车车灯是（　　）。

A. 卤素灯　　B. 氙气灯　　C. LED 灯　　D. 都不是

7．LED 灯的优点有哪些？（ ）

A．节能环保 B．成本低，寿命长

C．亮度高，比卤素灯高很多 D．低压安全

E．瞬间点亮

F．单个 LED 体积小，可以拼成各种喜欢的样子

8．能耗排名由大到小顺序正确的是（ ）。

A．白炽灯—卤素灯—LED 灯—氙气灯 B．白炽灯—氙气灯—卤素灯—LED 灯

C．卤素灯—白炽灯—LED 灯—氙气灯 D．白炽灯—卤素灯—氙气灯—LED

9．汽车常见排放物有哪些？（ ）

A．HC（碳氢化合物） B．NO_x（氮氧化合物）

C．CO（一氧化碳） D．PM（微粒）

10．现代汽车的主动安全一般会包括哪些？（ ）

A．ABS B．EBD C．ESP D．SRS

三、判断题（共 5 分）

1．安全气囊对乘客的保护作用比安全带大。（ ）

2．在美国，电子稳定控制系统（ESP）已经通过立法的方式，成为汽车的标准配备了。（ ）

3．一般车载影像系统不能够代替倒车雷达，因为摄像头是有盲区的，而且人眼看到的东西经常不够仔细。所以倒车影像与倒车雷达配合使用，能够达到最好的效果。（ ）

4．整车轻量化是节约能源最有效的方法，轻量化的途径主要是将目前占汽车质量 70%的钢铁材料换成较轻的塑料、铝等其他材料。（ ）

5．汽车尾气排放国III标准相当于欧III标准。（ ）

技能训练

实训任务

试试看，谁能又快又准确地向顾客解释车型卡上的相关配置的含义。（35 分）**按照表 4-6 的考评项来打分。**

教师在汽车 4S 店收集一定数量的车型卡作为实训材料，或在汽车之家网站上找出威驰 2014 款 1.5L 自动智享版或雪佛兰××款（教师也可根据学校实训条件自己定）的主被动安

全配置、舒适便捷配置以及灯光配置的资料，学生每组出两人，一人扮演客户，另一人扮演销售顾问，进行上述相关配置给客户带来的利益的模拟咨询。其他同学当观察员，时间允许的话本组同学每人操作一遍。

表 4–6　　向客户解释车型卡车辆相关配置的考核评价表

被考评人（小组）：________ 考评员（教师）：________

评价项目及评价标准	分值	自评	互评	考评员评价	得分
1．主动安全配置，能正确解释	14				
2．被动安全配置，能正确解释	8				
3．舒适便捷配置，能正确解释	8				
4．灯光配置，能正确解释	5				
总分	35				

学习成绩统计

任务四的教学任务完成后，对本任务中的各个理论学习领域、技能训练等成绩进行学习成绩统计，见表 4-7。

表 4–7　　任务四学习成绩统计表　　考核教师签字：________

序号	考核内容	配分	评分标准	自评	互评	教师评价	得分
1	有关汽车的安全性、舒适便捷性及灯光配置等知识的了解（填空题）	40	能正确完成所有填空题，错一题扣 1 分				
2	有关汽车的安全性、舒适便捷性及灯光配置等知识的综合掌握情况（选择题）	20	能正确完成所有选择题，错一题扣 2 分				
3	对本学习领域易错问题的判断（判断题）	5	能正确完成判断题，错一题扣 1 分				
4	本领域所要具备的技能—解释车型卡相关配置给客户带来的利益。（技能训练）	35	能正确解释指定车型的汽车的安全性、舒适便捷性和灯光配置及其给客户带来的相关利益				
合　计		100					

项目五 5 汽车整车销售流程及话术技巧

任务一 客户开发

基础知识测试

一、选择题（第 3 题为单选题，其余为多选题，每题 2 分，共 20 分）

1．潜在客户的来源有（　　）。

A．展厅的参观者　　B．用户

C．发展的顾客　　D．顾客推荐者

2．一个公司把客户一般分为（　　）。

A．正式客户　　B．大客户　　C．潜在客户　　D．男客户

3．潜在客户必须具备（　　）等因素。

A．资金、时间成本、需求　　B．资金、决定权、需求

C．资金、决定权、时间成本　　D．需求、时间成本、决定权

4．寻找潜在客户“请进来”的渠道有（　　）。

A．在展厅里接待客户　　B．邀请客户前来参加试乘试驾

C．在 4S 店内召开新车上市展示活动　　D．接受客户电话预约

5．寻找潜在客户“走出去”的渠道有（　　）。

A．利用各种形式的平面媒体广告　　B．参加车展、召开新闻发布会

C．进行小区巡展　　D．参加各类汽车文化活动

6．寻找潜在客户“走出去”的渠道还有（　　）。

A．回复客户在网站的询问，收集潜在的客户信息

B．进行大客户的专访

C．参与政府或一些企业的招标采购

D．发布网络广告，或微信营销

7．客户开发前精神面貌上要做哪些准备工作？（　　）。

A．健康的体魄，予人神采飞扬的感觉

B．仪容整洁大方

C．着工作装，给人专业的印象

D．动作、姿态得体

8．登门拜访有购车意向的大客户要携带什么（　　）。

A．名片、型录、价格表、竞品的优劣势对比表、保修政策、

B．购车合同

C．委托上牌协议、上牌费用计算表

D．银行按揭分期付款、利息计算表

9．拜访潜在客户或与潜在客户通电话，知识上的准备范围是（　　）。

A．要详细了解和熟悉产品的品牌、车型

B．要熟悉产品的技术参数、配置等

C．要熟悉竞品的优缺点

D．要熟悉公司的销售流程及销售政策

10．开发潜在客户情绪上要做到（　　）。

A．保持平常心，知道被拒绝是很正常的事

B．保持情绪稳定，永远不得罪客户

C．保持心境开朗

D．有耐心和承受挫折的能力

二、填空题（共 10 分）

1．MAN 法则具体是，M 代表________，A 代表________，N 代表________。

2．潜在客户有时即使欠缺某一条件（如支付能力、决定权或需求），销售顾问仍然可以________，应用适当的销售策略，使其成为我们的新客户。

技能训练

实训任务 1

客户开发技能测试（每个技能点 5 分，最后一题 10 分，共 35 分）

1．从哪些商业机构从业人员中去寻找潜在客户？

2．从哪些社会机构中可以获取客户信息？

3．怎么利用车展获取客户信息？

4．怎样从汽车论坛中挖掘客户信息？

5．企业客户评估主要从哪方面进行？

6．怎样利用 MAN 法则来判断真正的客户？

（1）有钱，有决策权，有购买需求这类客户怎么应对：________________

（2）有钱，有决策权，目前没有购买需求这类客户怎么应对：________________

____

（3）有钱，没有决策权，有购买需求这类客户怎么应对：________________

（4）资金不够但是有决策权，有购买需求这类客户怎么应对：________________

____

（5）没有钱，没有决策权，没有购买需求这类客户怎么应对：________________

实训任务 2

根据情境运用 MAN 法则审查客户（30 分）

情境卡

客户：张先生与王小姐今年刚结婚，张先生是在南宁市华强路做文具批发生意，王小姐是中学数学老师。

现况：刚结婚，资金不是很充裕。初次买车，张先生计划购买一辆 9 万元左右的车，主要用于日常生活出行及联系业务，偶尔张先生的妻子王老师也可以用。夫妇俩比较注重车辆的实用性，维护要方便，空间比较宽敞，节油性高，售后服务好，保养维修成本低等因素，同时车辆的外形要时尚，但不能太张扬，此外，还比较注重销售接待的服务水平和专业水平。购车比较冲动。

张先生平时关注中央 2 套的经济新闻，看到了由张艺谋执导、众多明星参与的丰田威驰广告宣传片，觉得蛮时尚的，于是打电话到展厅询问：1．你们丰田有款新车叫威驰是吗？2．都有哪些配置的？3．现在有什么优惠活动？

（通过销售顾问电话接待，约定周末来看车）

作为销售顾问，请用 MAN 法则对客户张先生进行资格审查。

<table>
<tr><th>客户</th><th>审查要素</th><th>审查结果</th></tr>
<tr><td rowspan="3">张先生</td><td>M（是否有支付能力）</td><td></td></tr>
<tr><td>A（是否有决策权）</td><td></td></tr>
<tr><td>N（是否有需求）</td><td></td></tr>
<tr><td colspan="3">结论：张先生是一位________________客户</td></tr>
<tr><td colspan="3">应对措施：</td></tr>
</table>

学习成绩统计

任务一的教学任务完成后，对本任务中的各个理论学习领域、技能训练成绩进行学习成绩统计，见表 5-1。

表 5-1 任务一学习成绩统计表 考核教师签字：________

序号	考核内容	配分	评分标准	自评	互评	教师评价	得分
1	职业态度	2	纪律				
		3	团结协作程度				
		5	积极参与				
2	对客户开发渠道及客户开发准备工作的知识的了解	20	能正确完成所有选择题				
3	了解 MAN 法则的内容	5	能正确完成填空题				
4	对客户开发渠道技能的掌握	35	开发渠道途径合情合理，机会和成功率较高				
5	运用 MAN 法则对客户进行审查	30	依据 MAN 法则具体内容，评价审查结果				
合　计		100					

任务二 客户接待

基础知识测试

一、选择题（每题 3 分，共 39 分）

1. 在汽车 4S 店接听电话时，正确的语言表达方式是（　　）。

A. 只使用普通话　　B. 使用自己的方言

C. 使用普通话或与来电同样的方言　　D. 使用当地的方言

2．在汽车4S店接听电话时，当听到对方的谈话很长时（　　）。

A．同时开始做别的工作

B．保持沉默

C．必须有所反应，如使用“是的、好的”等来表示你在听

D．打断对方

3．在汽车4S店接听电话时，不恰当的动作是（　　）。

A．准备笔和纸　　B．停止一切不必要的动作

C．面带微笑　　D．拿起水杯喝水

4．在办公室接听电话时，应在听到铃声响（　　）声接电话比较礼貌。

A．1　　B．3　　C．5　　D．6

5．初次接近顾客时应该做到（　　）。

A．介绍得体　　B．称谓合适

C．以我为中心　　D．人名熟记

6．完成一个销售，最初的沟通目的应该集中在（　　）两个方面。

A．让客户感受到产品的优越性，给客户留下一个深刻的好印象

B．让客户感受到产品的优越性，让客户感受到4S店的迎客氛围

C．让客户感受到4S店的迎客氛围，给客户留下一个深刻的好印象

D．让客户感受到产品的优越性，让客户感受到4S店的迎客氛围，给客户留下一个深刻的好印象

7．初次沟通中应该首先注重在（　　）方面，进而有目的地让客户对你预先设计的东西留下印象。

A．销售　　B．建立关系　　C．产品　　D．品牌美誉度

8．当客户来到展厅的前三分钟，销售顾问应该从（　　）三个方面依次开始给客户留下一个好印象。

A．进行友好的问候，微笑，给客户充裕的时间参观汽车

B．给客户充裕的时间参观汽车，进行友好的问候，微笑

C．微笑，进行友好的问候，给客户充裕的时间参观汽车

D．微笑，给客户充裕的时间参观汽车，进行友好的问候

9. 当销售人员自我介绍后，应该从（　　）话题开始发问，缩短与客户的距离，消除客户可能的戒备之心。

A. 公共　　B. 汽车

C. 销售人员自己的喜好　　D. 客户的穿着

10. 汽车 4S 店销售顾问总结出的可以与客户切入交谈的三个时机及信号是（　　）。

A. 伸手打开车门上车　　B. 目光在店内寻找人员

C. 客户边走边浏览各款展车　　D. 靠窗探望车内

11. 对穿着讲究的中年潜在客户，要用（　　）的方式。

A. 高效　　B. 专业

C. 较为正式　　D. 随和

12. 对穿着随意的年轻潜在客户：要表现出（　　）的方式。

A. 友好　　B. 随和

C. 不能漫不经心　　D. 漫不经心

13. 怎样的展厅接待能让客户感到更轻松，又不失热情，对下面的五个步骤进行操作上的排序（　　）。

A. 客户进店前觉察到客户的到来，起身带着笑容问候客户，“欢迎光临”

B. 陪同客户走进展厅，让客户可以不受打扰地在展厅内随意观看

C. 不要紧跟着客户，而是在一旁留心观察，等候客户

D. 找到一个切入点开始与客户的交谈，并提供咨询

E. 若客户不需要咨询，对客户说：“如需要咨询，请叫我。”再离开

二、判断题（每题 2 分，共 10 分）

1. 电话联系的最终目的是让客户来店看车。（　　）

2. 没有交易是在电话里就成交的。（　　）

3. 找到一个切入点开始寒暄话题比生硬地问“先生想要咨询哪一款车”要自然得多。（　　）

4. 陌生的客户进入展厅，销售顾问首先上前问好，握手，并递名片，对吗？（　　）

5. 要了解客户的角色信息，包括：是否是购买者、决定者、使用者和影响者。（　　）

技能训练

实训任务 1

客户意向级别的设定（6 分）

销售顾问张兰今天在展厅接待了 6 个客户，请您为她在客户管理卡上填写正确的意向客户级别（H 级、A 级、B 级、C 级）。

情境：

1．客户张先生交了订金，等待车到了就付完全款提车。

2．客户李先生车型定了，价格也确定了，只是没有确定车的颜色，可能在 7～15 天内订车。

3．客户陈先生确定要购买某价格区域内的车，但是具体买哪个品牌还在选择，有可能在两个星期以上到一个月之内做买车决定。

4．客户王小姐有买车的需求，目前正处于调研阶段，购车目的还不明确，除了价钱没确定，品牌也没确定，未确定的因素有很多，她可能需要一个月以上至一年内的时间才能决定购买。

5．客户范女士需要买车，但是资金暂时还没有到位，可能需要一个月以上或更久的时间才能决定购买。

6．客户莫先生，车型已定，颜色已定，资金也足够，但还在与销售顾问谈价格，一周内要订车。

通过判断，填写意向客户级别设定及客户跟进方法：

意向客户	意向客户目前状况	意向客户级别	客户跟进方法
张先生	已交订金		
李先生	7～15 天内订车的客户		

续表

意向客户	意向客户目前状况	意向客户级别	客户跟进方法
陈先生	15 天至一个月内订车的客户		
王小姐	一个月以上至一年内订车的客户		
范女士	一个月以上或更久的时间才订车		
莫先生	车型、颜色已定，资金充裕，在跟销售顾问谈价格，一周内要订车了		

实训任务 2

展厅来电咨询情景演练（角色扮演）50 分（100 分×0.5）按照表 5-3 的考评项来打分。

说明：一个完整的整车销售流程考核有多个考核点，每个考点之间有关联，即都是同一个客户背景；但要求每个考点按独立的流程来完成，即每个考点都要有迎客和送客环节。考核时长：15 分钟以内/人。

资料卡

基本背景

客户：张先生与王小姐今年刚结婚，张先生在南宁市华强路做文具批发生意，王小姐是中学数学老师。

现况：刚结婚，资金不是很充裕。初次买车，张先生计划购买一辆 9 万元左右的车，主要用于日常生活出行及联系业务，偶尔张先生的妻子王老师也可以用。比较注重车辆的实用性，维护要方便，空间比较宽敞，节油性高，售后服务好，保养维修成本低等因素，同时车辆的外形要时尚，但不能太张扬，此外，还比较注重销售接待的服务水平和专业水平。购车比较冲动。

情境：张先生平时关注中央 2 套的经济新闻，看到了由张艺谋执导、众多明星参与的丰田威驰广告宣传片，觉得蛮时尚的，于是打电话到展厅询问。

参考问题：1．你们丰田有款新车叫威驰是吗？2．都有哪些配置？3．现在有什么优惠活动？

（通过销售顾问电话接待，约定周末来看车）

实训材料：

1．专营店名称：南宁中达丰田汽车销售服务有限公司

2．电话：4006258609

3．地址：广西南宁市白沙大道 24 号（亭江立交桥旁）。

4．来店线路如图 5-1 所示。

图 5-1　南宁中达丰田汽车销售服务有限公司的来店地图

5．南宁中达丰田汽车销售服务有限公司丰田威驰车型 2015 年 5 月份的报价汇总，如图 5-2 所示。

南宁-威驰报价

排量：1.3L | 1.5L　　厂商指导价：6.98-11.28万元

推荐经销商　促销信息　车系频道　车系论坛　车型图库

1.3L车型	厂商指导价	南宁 4S店限时报价		更多信息	
2014款-1.3L 手动型尚版	7.58万元	7.28万元	询底价	参数	+ 对比
2014款-1.3L 自动智尚版	9.28万元	8.98万元	询底价	参数	+ 对比
2014款-1.3L 自动型尚版	8.38万元	8.08万元	询底价	参数	+ 对比
2014款-1.3L 手动超值版	6.98万元	6.68万元	询底价	参数	+ 对比
1.5L车型	**厂商指导价**	**南宁 4S店限时报价**		**更多信息**	
2014款-1.5L 自动智尊版	11.28万元	10.98万元	询底价	参数	+ 对比
2014款-1.5L 自动智臻版	8.78万元	8.48万元	询底价	参数	+ 对比
2014款-1.5L 手动智享版	9.18万元	8.88万元	询底价	参数	+ 对比

图 5-2　丰田威驰车型报价汇总

实训目标

1．掌握电话接待礼仪的基本知识以及与不同客户沟通的基本技巧；

2．提升察觉客户心理的能力，灵活运用电话接待技巧；

3．在电话接待中能正确介绍自我，提供回答，获取客户有效信息，与客户建立联系，成功邀约客户来店赏车。

实训过程

1．电话接待视频观看（教师在旁讲解、引导、点评），了解真实环境中的电话接待情景，并进行分析讨论。

2．任务呈现。学生阅读情境卡，教师适当讲解，接受学生提问，学生要自我消化每个角色的权利和义务、角色间的相互关系、回旋余地。师生进行任务的讨论。

3．分组。8 人一组（视班级人数而定），一人扮演销售顾问，一人扮演客户（具体视情境而定），其他同学当本组观察员。时间允许的条件下互换角色。

4．全班抽取责任心强的 5 人作为考评员。（也可直接由教师来考评打分）

5．每组拟订情景演练计划（写角色扮演的文字稿）。

6．教师查阅各组情景演练的方案，并分析其可行性。

7．学生施行演练，本组观察员观察评估，教师指定一名学生全程录像（有条件的学校可以执行此方法），考评员打分。

8．师生反馈。教师播放学生角色扮演的录像（有条件的学校可执行此步骤），让学生与企业真实流程相对比，学生分享（包括专业技能、工作态度及团结协作三个方面）本次实训的收获指出要改进的地方。教师总结本次实训。

9．每组展示角色扮演的文字稿，上交反馈表和该次角色扮演的文字稿。

必要知识点回顾

接电话的礼仪

销售人员在接电话或从事商务工作的时候，应该注意哪些事项呢？

➡ 电话铃响了，销售人员应该按照规范的动作去接，即左手拿话筒。

➡ 一般情况下，在电话铃响三声之内，一定要把电话筒拿起来。

➡ 电话筒拿起后要自报家门，一定要根据电话中的内容迅速给出准确的答案。

➡ 要用右手拿笔，适当地做好记录。

➡ 在回答客户问题的时候，一定要简短、准确，还要注意说话的语调，使用文明礼貌的敬语。

➡ 在客户没有挂机之前，销售人员绝对不能先挂电话，这是细节、礼貌的问题，也是一种规范。

➡ 如果是节假日，必须要说“节假日好”。

➡ 接完电话，要把谈话内容详细地记录下来。专门有一张表格叫作“来店/电登记表（第一个店是指专营店的店，另外一个电是指电话的电）”。销售人员必须把电话的谈话内容详细记录在这张表上面，以便有案可查、及时跟踪。然后还要感谢客户的来电。

标准流程回顾

展厅电话接待流程见表 5-2 所示。

表 5-2　　展厅电话接待流程

细化流程	规范语言	标准动作
1．亲切问候	1．以称谓作为问候前缀。例如：您好！××先生好 2．以时间段为问候前缀。例如：中午好 3．以节日为问候前缀。例如：中秋快乐	铃声三响内接起，左手拿起话筒，右手拿笔
2．表示感谢	1．感谢您致电丰田××店 2．欢迎您来电垂询	语速适中，保持匀速
3．自我介绍	我是（职务）（姓名），很高兴为您服务	
4．询问客户尊称及需求	1．先生请问怎么称呼您 2．请问有什么可以帮到您	
5．细心解答	1．是有一款××车 2．价格大约是××× 3．配置有×××× 4．您还有其他问题吗	1．确认核心问题点 2．认真解答客户提问 3．谋求客户认同
6．认真记录	1．您提的这个问题很专业，我记录一下，之后帮您准备好相关的资料 2．您能说得更详细点吗	1．告知客户记录动作 2．鼓励顾客详细表述
7．巧妙提问	1．您还看过其他车吗？（您还对其他品牌或车型感兴趣吗？） 2．您是通过什么渠道了解到我们的呢 3．您的购车预算是多少呢 4．您准备什么时候订购呢 5．您是准备自己增购车辆还是公司使用呢 6．您知道我们的来店线路吗 7．能否告知您的电话，方便把来店线路发您手机 8．恰当寒暄	1．关心客户的购车计划 2．初步了解客户购车需求 3．判断客户所处购买周期 4．判断客户所处销售流程阶段
8．热情邀请	1．我们店正在举办××活动，欢迎您来参与，我可以帮您预留名额，恭候您的到来 2．我们现在刚好有现车，您可以来店参观 3．您想要试驾一下我们的丰田凯美瑞吗？我们这里有可供试驾的专车和路线。欢迎您亲自过来体验	1．争求客户来店看车 2．为客户来店接待做好铺垫 3．强化客户对品牌和服务的认知度
9．承诺确认	1．那么您是准备××时候到店，对吗 2．您是××个人来，好的 3．那我就在××时间准时在门口恭迎您的光临	1．主要事项再次确认，重复话术 2．强调客户承诺
10．衷心感谢	1．再次感谢您的来电，您对我的服务还满意吗 2．非常感谢您对我服务的肯定 3．非常感谢您给我提出的宝贵意见	等客户电话挂断以后再挂线

效果提升技巧

（1）要微笑接电话，要注意节奏和语气。

（2）左手拿起电话，右手做记录。

（3）牢记电话接待的目的是用技巧邀约客户进店赏车，以便进一步洽谈。

查资料做准备

教师提示学生登录爱卡汽车网站的选车中心 http://newcar.xcar.com.cn/167/review/2/1.htm 查阅丰田威驰和竞品车大众 POLO 的车型资料及车主使用过程中反馈的两款车在外观、品质、油耗、配置、舒适度、细节、操控性能等方面的优缺点，协助学生（销售顾问扮演者）在较短的时间内掌握所推荐车型及竞品车型的产品知识（教师也可课前查阅好，然后在班上讲解两款车的车型资料或者直接提供给学生），写出角色扮演的脚本。

查询并记录：

角色扮演的脚本：（可用附页粘贴此处）

评价表

表 5-3　　电话接待考核评价表　被考评人（组）：________观察员（考评员）：________

评价项目及标准	分值	自评	互评	考评员评价	得分
1．电话铃响三声内接起，态度热情，面带笑容	5				
2．主动问好，报出专营店名和自己的姓名	10				
3．在通话不久就主动询问客户尊称，并一直尊称客户	10				
4．对客户的咨询能正确使用专业术语	10				
5．主动询问或确认客户信息	5				
6．主动邀约并用技巧吸引客户来店赏车	10				
7．用技巧拉近与客户的距离（破冰，寒暄）	10				
8．对专营店的地址进行充分说明	10				
9．掌握客户电话或手机/地址	10				
10．对客户重要信息进行再次确认	10				
11．表达出对客户来电的感谢	5				
12．挂机后发送手机短信感谢来电及发送邀请客户到店看车的具体线路	5				
总分	100				

实训反馈

通过录像对比（有此条件的学校可执行该步骤），或通过观察员的发言，学生反思本次实训自己掌握了什么技能，不足的是什么，后续如何改进。（从专业技能、工作态度及团结协作方面总结）

____

____

____

____

____

____

学习成绩统计

任务二的教学任务完成后，对本任务中的各个理论学习领域、技能训练和考核成绩等进行学习成绩统计，见表5-4。

表5-4　　任务二学习成绩统计表　　考核教师签字：

序号	考核内容	配分	评分标准	自评	互评	教师评价	得分
1	小组活动中本人的贡献度	10	销售顾问（10） 客户（7）、观察员（5）脚本创作（8）				
2	职业态度	3	纪律				
		3	团结协作程度				
		4	积极参与				
3	基础知识测试 折算系数为0.5	25（49分×0.5）	每道选择题3分（39分）				
			每个判断2分（10分）				
4	实训任务一客户意向级别设定	6	填对一个级别1分				
5	实训任务二展厅电话接待折算系数为0.5	50（100分×0.5）	按照任务二评价表评分，再乘以折算系数0.5				
合　计		100					

附：4S店电话接待范例

客户基本资料

客户：某进出口贸易公司梁老板

家庭背景：有一个5岁大的男孩，家住澳洲丽园。

现况：目前开富康，已使用了9年，车况一直很好。

购车原因：业务发展，想换购一辆SUV。

预算：30万元左右

购车时间：看到合适就买

情景：在小区里见有好几辆法国雷诺科雷傲，感觉款式不错，加上对法国车有好感，由于不知道专卖店的地址，他便通过 114 查询到南宁华诺汽车销售公司的电话 4919988，进行咨询，并打算周末到店看车。

电话参考问题：1．请问雷诺科雷傲这款车多少钱？2．都有哪些配置呀？

3．现在有什么优惠吗？4．感觉这价格有点贵。5．有现车吗？

法国雷诺科雷傲与斯巴鲁森林人车型对比资料：

雷诺科雷傲［2012 款］2.5L 四驱都市版，5 门 5 座 SUV/越野车 PK 斯巴鲁 森林人［2012 款］2.5 XS 手自一体豪华型

铃……

——您好！这里是广西华诺汽车专营店，我是销售顾问×××。

——请问是否有一款车叫雷诺科雷傲？

——是的，先生，请问怎么称呼您？

——我姓梁。

——您好！梁先生，请问有什么可以帮到您？

——我想知道雷诺科雷傲的配置和价格。

——梁先生，您咨询的这款车的价位在 23 万～26 万元之间，有两驱和四驱，有舒适版和顶置版，不知道您对哪款有兴趣？

——我想了解四驱的。

——好的，梁先生。您感兴趣的那款四驱车，我们店正好有现车，电话里小×给您介绍得不是很清楚，您看是否有时间来到展厅里，小×再给您做一个详细介绍，还顺便让您试乘试驾，您看您什么时候有时间呢？

——星期六吧。

——请问具体是周六几点呢？

——周六上午 9 点吧。

——好的，请问梁先生知道我们店的地址吗？

——不知道。

——我们店在高新区科德路 95 号。

——具体不知道怎么去。

——梁先生，方便告诉我您住在哪儿吗？

——我住在澳洲丽园。

——哦，那可是个南宁很知名的高档小区，梁先生是位成功人士哦！您可以从民族大道进入竹溪立交，然后走南宁的快速环道，在高新出口下，拐进来就到了。

——梁先生，您是否能留下您的电话，等会儿我会用短信的形式把具体的线路和地址发到您手机上，在来的时候可随时联系我。

——好的，我的电话是×××××。

——好的，小×记好了。

——好的，梁先生，我最后确认一下，您是本周星期六上午 9 点到展厅赏车。

——是的。

——届时小×会在展厅恭候您的光临，到时我会把您需要的四驱车准备好，非常感谢您的来电，祝您今天有个好心情，梁先生再见。

任务三 需求分析

（设置的实训包含展厅接待和需求探寻）

基础知识测试

一、选择题（每题 3 分，共 36 分，第 11 题单选题，其余为多选题）

1．获取目标信息，范围是什么？（　　）

A．客户的角色信息　B．客户类型信息　C．客户需求信息

2．角色信息包括哪些？（　　）

A．购买者　B．决定者　C．使用者　D．影响者

3．高档车客户的感性需求包括？（　　）

A．彰显地位　B．表明实力　C．稳健　D．品味

4．客户的理性需求包括哪些？（ ）

A．质量 B．性能 C．安全 D．舒适

5．感性消费的群体购车时更看重什么？（ ）

A．汽车的颜色、外观 B．品牌知名度

C．个性的满足 D．注重购物时的情感体验和人际沟通

6．理性消费的群体可能更多注重的是（ ）。

A．汽车的性能、配置 B．汽车的安全性

C．汽车的性价比 D．购买时的情感体验和人际沟通

7．为了广泛收集信息，以“谁、什么、何时、何地、为什么、如何”等字句来进行提问。（ ）

A．封闭式提问 B．开放式提问 C．AB 都不对

8．中老年人购车的特点是（ ）。

A．追求时代潮流、冲动 B．强调安全性

C．购车理智 D．追求舒适与方便

9．潜在客户的动机从哪些方面来分析？（ ）

A．购买车型、购买角色、购买用途、购买重点、客户类型

B．弄清来意、购买车型、购买角色、购买用途、客户类型

C．弄清来意、购买车型、购买角色、购买重点、客户类型

D．购买车型、购买角色、购买用途、购买重点、客户类型

10．分析型的客户一般有哪些特点？（ ）

A．一般从事技术型的工作，比如财务经理

B．交谈注重资料、事实

C．有时会爱挑剔，注重细节

D．多数都很内向

11．对大多数个人购买者而言，他们对汽车缺乏足够的专业知识，往往会受到周围环境、消费风气、人际关系、宣传等因素的影响，这说明对汽车的需求具有什么特点？（ ）（单选）

A．具有多样性 B．具有发展性 C．具有替代性 D．具有可诱导性

12. 销售顾问通过探寻了解到一位客户，她说只要一坐车就容易头晕，客户并不懂汽车，所以她压根表达不出她对汽车各种配置有何需求。销售顾问对客户需求的判断哪点是正确的？（　　）

A. 客户的需求是隐性需求

B. 客户的需求是显性需求

C. 只有悬挂较好空间较大的车才有可能让客户在汽车运行时不易产生晕眩的感觉

D. 只有针对性地解决客户的问题，满足客户的需求，销售才容易达成

二、填空题（第1～14题每空1分，共25分，第15题5分，第16题4分，共34分）

1. 冰山理论认为，客户的问题包括显性问题和隐性问题。________问题就是水面之上的，即客户自己知道的、能表达出来的那一部分；________问题就是水面以下的，是隐藏着的那一部分，就是有的客户连他自己的需求是什么都不清楚的那部分。

2. 探寻消费者的________，必须要了解——“5W1H”。

3. What：就是指客户曾用________、________车型及________车型；用车关注点，指汽车的________、安全、________等。

4. Why：消费者________要购买？这个问题最难探寻，大多数人给的回答可能是代步，但是这只是________性需求，我们要了解的是他的________性需求。

5. When：消费者打算________时候购买。

6. Where：消费者________买。

7. Who：客户的________是什么?在整个销售过程中我们要探寻客户的角色信息。到底谁是决策人，谁是________人，谁是影响人，谁是________人，有些时候这些角色是重叠的，但很多时候这些角色是分开的。

8. How much：________购买，销售顾问必须要了解消费者比较确切的预算。

9. 与客户交流时注意沟通的技巧，多认同客户的观点，“________”三个字经常挂嘴边。

10. 要主动聆听而不是________地听客户讲话，否则会让客户感觉不被尊重。

11. 客户讲话时销售顾问多配以________，微笑，稍作________，切忌与客户________。

12. ________式提问的目的是用来确认信息，从逻辑上来说，此类问题可以用“是”或“不是”来回答。

13．您对车的主要要求是什么啊？属于________提问。

14．您选择蓝色还是银色呢？属于________提问。

15．如果销售顾问想提问一些范围较大的问题，用来收集客户信息，给对方充分自由发挥，客户说得越多，销售顾问获取的信息越大，越利于你对客户的判断，此时可用什么字句来提问？

举例：____。

16．探寻需求总结与归纳的话术是：________________________________，

____

____

____。

技能训练

实训任务

进行展厅接待+需求探寻的角色扮演 60 分（100 分×0.6）按照表 5-7 的考评项来打分。

★说明：由于每个学校汽车营销实训条件不同，学生的基础和程度也不同，任课教师可按照本校的情况，自行编写或替换不同的情境，方便学生进行实操演练。

资料卡

基本背景：

客户：张先生与王小姐今年刚结婚，张先生在南宁市华强路做文具批发生意，王小姐是中学数学老师。

现况：刚结婚，资金不是很充裕。初次买车，张先生计划购买一辆 9 万元左右的车，主要用于张先生日常生活出行及联系业务，偶尔张先生的妻子王老师也可以用。张先生比较注重车辆的实用性、维护要方便、空间比较宽敞、节油性高、售后服务好等因素，王老师拿驾照不久，是个新手，希望所购的车是自动挡，比较注重方向盘是否够轻，指向性要精准，悬挂不要太硬。同时还希望车辆的外形要时尚，但不能太张扬，此外，还比较注重销售接待的服务水平和专业水平。

张先生打电话到展厅询问，在上节中已经通过销售顾问电话接待，约定周末来看车。

本次实训情境

（1）张先生和王小姐第一次来到位于南宁市白沙大道 24 号的中达丰田店的展厅看车。

（2）张先生的邻居杨先生于 2014 年 5 月购买了一辆丰田威驰三厢 2014 款 1.5L 手动智臻版，从杨先生处大致了解了部分威驰车的性能和价格。

（3）张先生之前去看过大众 POLO1.4L 的两厢车，王小姐比较看中大众品牌的知名度，听学校里其他老师谈论过 POLO，比较认可德系车，欲在大众和丰田品牌之间做出选择。

销售顾问用标准的接待礼仪对张先生与王老师进行了展厅接待，一阵寒暄之后，双方都很融洽。销售顾问对夫妇俩进行了需求探寻，推荐他们购买 9 万左右的丰田威驰三厢 2014 款 1.5L 手动智享版。

沟通期间，张先生需要了解威驰 1.5L 与大众 2014 款 POLO 两厢 1.4L 手动舒适版的不同之处，毕竟价格差别不大。销售顾问给出威驰 1.5L 与大众 POLO1.4L 的客观比较，满足了客户对车辆的实用性、外观漂亮、维护要方便、空间比较宽敞、乘坐舒适，节油性高、售后服务好、易操控等要求，从而增强了客户购买信心。

实训中用到的车型资料：参见图 5-3、图 5-4、表 5-5。

图 5-3　丰田威驰与竞品大众 POLO 的优缺点对比

参数对比

车系	威驰	车系	Polo两厢
品牌	一汽丰田	品牌	上海大众
厂商价	6.98万～11.28万	厂商价	7.59万～11.89万
经销商价	4.54万～11.28万	经销商价	4.93万～13.39万
级别	小型车	级别	小型车
发动机	1.5L | 1.3L	发动机	1.6L | 1.4L
变速箱	5挡MT | 4挡AT	变速箱	6挡AT | 5挡MT
车体结构	4门三厢轿车	车体结构	5门两厢轿车
长 × 宽 × 高(mm)	4410 × 1700 × 1490	长 × 宽 × 高(mm)	3970 × 1682 × 1462
保修政策	3年10.00万公里	保修政策	3年10.00万公里

图 5-4　丰田威驰与竞品大众 POLO 的基本参数对比

表 5–5　丰田威驰与大众 POLO 相关指标对比（客户使用反馈）

品牌车型/参数	丰田威驰（VIOS）	大众 POLO
油耗	在高速路况有低至 5.8L/100km 的；日常驾驶集中在 7.5～9L/100km 之间	上海大众 POLO 劲情 1.6L 排量车型的油耗在 8.5L/100km 左右，一般路况能控制在 8L/100km 左右。1.4L 车型与 1.6L 相比油耗略低一些，但差距不大
品质	质量较稳定无异常 新威驰质量稳定，故障率低，主要存在的问题就是一些异响。偶尔遇到一些小问题，随着正常保养就可以修复，不需要车主单独去 4S 店维修	质量稳定问题较少 POLO 劲情质量十分稳定。车主提到最多的是一些异响问题，主要存在于启动时、方向盘和换挡时，另外，车子在怠速时也有抖动情况
配置	配置一般　音响较好 新威驰拥有 ABS、EBA、BAS 及方向盘调节等配置，但是新威驰缺少多碟 CD、座椅加热这样更加贴心的配置。有部分车主提到威驰的音响不错	配置比较中庸 POLO 劲情的配置比较中庸，更倾向于实用。中控锁、CD 播放器、后视镜防眩目、遮阳板化妆镜等均作为标配出现在全系车型的配置列表上
舒适	乘坐舒服　空调制冷差 流线靠背内凹式设计，让后排乘客全程倍加舒适。新威驰车内空间在同级别车中较好。织物座椅的包裹性能良好，乘坐比较舒适。不过有车主表示新威驰的空调制冷较差。悬挂不软不硬，对坑洼的颠簸过滤得很好，坐在车里非常的舒服	座椅舒适度欠佳 POLO 劲情座椅舒适度欠佳，总有种夹住人的感觉，包裹性不好。POLO 劲情悬挂稍硬，这一点令车上的乘客略感不适。不过很多车主提到了 POLO 的空调制冷效果不错。空间感觉有些略小，尤其是后排，小孩坐是没问题，大人如果有点微胖，腿就很拥挤了
细节	车门钢板较薄、车漆偏薄是很多车主提到的地方。LED 组合尾灯造型也很独特，不但光照效果好，看起来还很有后现代感，威驰的天窗对于这款小车来讲，给我的惊喜真不小，视野很广阔，车头机器盖子的接缝非常整齐，做工相当不错	新车气味大、后视镜视野不好等
操控性	提速较快　方向盘轻盈 威驰 1.5L 方向盘指向性很好，指哪打哪，感觉这车就像个大玩具，开起来一点都不累。也有部分车主表示威驰的挡位生涩，刹车偏软，80 码刹车距离较远，在市区如果车速过快、跟得过紧很容易追尾，跑了不少高速，加大油门跑到 150 就没敢再深踩，120 的时候还行，到了 150 就飘了	加速一般　底盘扎实 高速不发飘，方向指向准确，悬挂扎实，这是 POLO 劲情的最大优势。只是 1.4L 车型起步稍慢，让不少车主略有微词。德系车型的特征在 POLO 劲情上表现得很明显

实训目标

1. 掌握展厅接待和需求探寻的相关知识和技能，能进行客户的需求发掘和分析，在对客户的需求分析基础上为客户介绍和提供一款符合客户实际需求的汽车产品。

2. 学会与同事的团结协作。

实训过程

1. 展厅接待+需求探寻视频观看（教师在旁讲解、引导、点评），或者实训之前到汽车 4S 店观察过销售顾问的接待工作，了解真实环境中的展厅接待+需求探寻情景，并进行分析讨论。

2. 任务呈现。学生阅读情境卡，教师适当讲解，接受学生提问，学生要自我消化每个角色的权利和义务、角色间的相互关系、回旋余地，师生可以进行任务的讨论。

3. 分组。8 人一组（视班级人数而定），一人扮演销售顾问，一人扮演客户（具体视情境而定），其他同学当本组观察员。时间允许的条件下互换角色。

4. 全班抽取责任心强的 5 人作为考评员。（也可直接由教师来考评打分）

5. 每组拟定情景演练计划（写角色扮演的文字稿）。

6. 教师查阅各组情景演练的方案，并分析其可行性。

7. 学生施行演练，本组观察员观察评估，教师指定一名学生全程录像（有条件的学校可以执行此方法），考评员打分。

8. 师生反馈。教师播放学生角色扮演的录像（有条件的学校可执行此步骤），让学生与企业真实流程相对比，学生总结、分享（包括专业技能、工作态度及团结协作三个方面）本次实训的收获，指出要改进的地方。教师总结本次实训。

9. 每组展示扮演的文字稿，上交反馈表和该次角色扮演的文字稿。

必要的知识点回顾

步骤要点：展厅接待—引导入座—提供饮品—入座洽谈—寒暄关怀—了解背景—需求探寻—需求引导—总结归纳（推荐适合客户需求的车）

标准流程回顾

展厅接待及需求分析流程见表 5-6 所示。

表 5–6　　展厅接待及需求分析流程

细化流程	规范语言	标准动作
1．主动迎接	1．以称谓作为问候前缀，例如：您好！××先生好 2．以时间段为问候前缀，例如:中午好 3．以节日为问候前缀，例如：中秋快乐	1．快步迎接 2．主动问好 3．面带微笑 4．点头致意
2．点头微笑	欢迎光临丰田××店	
3．问候关怀	1．您一路赶来辛苦了，我们这里还好找吧 2．天气很热（冷），到里面吹吹冷气（暖气）吧 3．您的技术真好，车停得多好啊	1．侧身以手势指引方向 2．自动门处站定，引导客户进入后，跟随进入展厅
4．引导进入	1．您这边请…… 2．小心脚下台阶……	
5．自我介绍	1．您好，我是（职务）（姓名） 2．您可以叫我××，很高兴为您服务	1．微笑目视客户面部三角区 2．语音清晰，语调自然、自信
6．递送名片	1．请多关照 2．配合自我介绍话术一起使用	1．从名片夹中取出名片 2．正面朝上，双手递给客户，文字正对客户方向 3．鞠躬 15 度表示敬意
7．索取名片	1．可以留您一张名片吗 2．或者给我留个您的联系方式也可以	微笑目视客户面部三角区
8．介绍服务提供选择	1．我们拥有一汽丰田全车系××种车型，以及车辆相关的售后、保险、上牌等服务，您想了解哪些方面呢 2．您是家用还是商务用车呢 3．我们的车辆价格从××万元到××万元之间，你可以按××顺序来观赏	1．配合合理的手势，指示所介绍的车型或区域 2．资料正面朝向客户，两手递送 3．递送饮料、茶水使用托盘，且手势标准 4．帮助客户扶椅入座
9．“争”求许可	1．我们有口味纯正的现磨咖啡，您想品尝一下吗 2．这些是您感兴趣的资料，我可以帮您介绍一下吗 3．建议您可以先看一下我们的×××旗舰版，这是我们的顶级产品。了解了它的性能您就了解了丰田的品牌精髓。我来帮您简单介绍一下好吗	
10．引导入座	您这边坐，这个角度最适合您看车了	1．帮客户拉开椅子并扶好椅子 2．等客户坐下后手才能离开椅子
11．提供饮品	1．我们这里有正宗的手工现磨咖啡，还有红茶、绿茶、花茶以及可乐、橙汁等饮料，您需要哪种 2．咖啡要加奶和糖吗 3．您稍等，先看下资料，我马上帮您拿过来	1．语调舒缓，关注顾客反应 2．提醒注意饮品温度
12．入座洽谈	1．这是您的××（咖啡……），您慢用 2．您看我坐在这里帮您介绍可以吗	1．使用托盘端送茶饮 2．从客户右侧递送杯子 3．放杯子前先把杯垫放下

续表

<table>
<tr><th>细化流程</th><th>规范语言</th><th>标准动作</th></tr>
<tr><td>13．寒暄关怀</td><td>1．您这么晚才来，一定去了不少家店去看车了吧。我们的咖啡都是手工现磨的，比普通咖啡店的咖啡正宗多了，您尝尝看
2．您是哪里人啊？王小姐口音像是北方人呢……</td><td>1．坐下时坐满凳子 2/3 的位置
2．保持标准坐姿
3．不要过早介入业务话题</td></tr>
<tr><td>14．了解背景</td><td>1．您现在的车开了多久了
2．还满意吗
3．您这次的购车预算大概是多少呢</td><td rowspan="3">1．目光注视客户面部三角区
2．以微笑或者目光加强与客户的沟通
3．积极倾听并鼓励客户多讲一点
4．随时将客户需求与兴趣点记录在笔记本上
5．对客户的汽车知识和他目前所用车型表现出尊敬之意。决不要贬低竞争对手</td></tr>
<tr><td>15．需求探寻</td><td>1．您之前看过的车型有哪些呢
2．您觉得哪些车型不错呢
3．您觉得它的哪些方面给您的印象最深刻
4．嗯，还有呢
5．对，我也觉得不错（确实是），您真专业（真细心……）
6．您的意思是……</td></tr>
<tr><td>16．需求引导</td><td>1．看来您对××××方面很注重，是吗
2．这样看来，我认为××××样的车子才是您想要的，您觉得呢</td></tr>
<tr><td>17．总结归纳</td><td>1．我帮您总结一下，您的购车需求基本上有以下几点……您看是吗
2．还需要补充什么吗
3．我们这里有一款车型应该能够满足您的需求，您介意我简单为您介绍一下吗</td><td>归纳，确认车型</td></tr>
</table>

效果提升要点

1．注意寒暄，不要过早介入业务话题。

2．注意需求探寻，越多了解客户的背景，你就越主动。积极倾听并鼓励客户多讲一点，与客户交流时要认同客户的观点，分析和帮助客户解决疑难问题。

3．对客户的汽车知识和他目前所用车型或他们看过的竞品车型表现出尊敬之意，决不要贬低竞争对手！

查资料做准备

教师提示学生登录爱卡汽车网站的选车中心 http://newcar.xcar.com.cn/167/review/2/1.htm 查阅丰田威驰和竞品车大众 POLO 的车型资料及车主使用中反馈的两款车在外观、品质、油耗、配置、舒适度、细节、操控性能等方面的优缺点，协助学生（销售顾问扮演者）在较短的时间内掌握所推荐车型及竞品车型的产品知识（教师也可课前查阅好，然后在班上讲解两款车的车型资料或者直接提供给学生），写出角色扮演的脚本。

并记录：

角色扮演的文字稿：（可用附页粘贴此处）

评价表

表 5-7　展厅接待与需求分析考核评价表　被考评人（小组）：________考评员（教师）：________

评价项目及评价标准	分值	自评	互评	考评员评价	得分
1. 销售顾问接待时仪容仪表整洁，符合要求，精神饱满	5				
2. 接待时礼仪礼节是否专业（是否使用敬语、恰当的问候语、站姿、微笑、15 度鞠躬礼等）（每个要点 2 分）	10				
3. 主动问好，自我介绍、交换名片、询问客户尊称、确认客户来意，寒暄话题（寒暄 4 分，其他每个要点 1 分）	8				
4. 销售顾问是否给客户带来紧迫感或压抑感，客户若表示想自己看车则不要尾随，但必须随时关注客户动向及需求	2				
5. 销售顾问引导客户入座，告知可供选择的饮品种类并询问其选择，奉上饮品，让客户感到放松（每个动作 5 分）	10				
6. 从寒暄开始，找到共同话题，营造轻松气氛（寒暄）善于提问，积极倾听，让客户畅所欲言（沟通）	10				
7. 需求探寻——关于保有车辆的信息确认（现用或曾用车型、购入时间、满意度等）	3				
8. 需求探寻——客户购车信息（5W1H），如目标车型、购车预算、购车用途、实际使用人、购车时间，关注车型及竞品车型用车关注点，如空间、安全、操控等。需求分析的目的是形成内容详尽的意向客户管理卡（每个画线点 3 分）	30				
9. 用探寻需求总结与归纳的话术对客户的需求信息进行总结与确认。销售顾问应分析客户不同需求状况，了解客户目前所处的购车需求和决策阶段，回复客户所关心的问题，总结客户的需求状况，并适当现场记录	10				
10. 站在客户需求和预算的立场上考虑推荐可选购的车型，如无法回答客户的问题，可请其他同事或主管协助解决	5				

续表

评价项目及评价标准	分值	自评	互评	考评员评价	得分
11．在需求探寻过程中注意收集客户个人信息，如姓名、电话、通信方式、家庭情况、业余爱好	5				
12．销售顾问是否能顾及客户群中的每一位对象	2				
总分	100				

实训反馈

通过录像对比（有此条件的学校可执行该步骤），或通过观察员的发言，学生反思本次实训自己掌握了什么技能，不足的是什么，后续如何改进。（从专业技能、工作态度及团结协作方面总结）

____

____

____

____

学习成绩统计

任务三的教学任务完成后，对本任务中的各个理论学习领域、技能训练成绩进行学习成绩统计，见表5-8。

表5-8　　任务三学习成绩统计表　　考核教师签字：________

序号	考核内容	配分	评分标准	自评	互评	教师评价	得分
1	小组活动中本人的贡献度	10	销售顾问（10） 客户（7）、观察员（5）脚本创作（8）				
2	职业素养	2	课堂纪律				
		3	团结协作程度				
		4	积极参与				
3	需求分析基础知识测试折算系数为0.5	21（70分×0.3）	选择题按照题目要求评分				
			判断题按照题目要求评分				
4	实训任务展厅接待和需求分析，折算系数为0.6	60（100分×0.6）	按照任务评价表评分，再乘以折算系数0.6				
合　　计		100					

任务四 车辆展示和介绍

基础知识测试

基础知识测试总共 30 分

一、多项选择题（每题 1 分，共 7 分）

1．车辆展示时对卫生的要求主要包括以下内容？（　　）

A．指纹　　B．水痕　　C．灰尘　　D．车型

2．以下选项属于汽车六方位介绍的有（　　）。

A．车前 45 度　　B．驾驶室和发动机室

C．后座和车侧方　　D．车后方

3．绕车六方位介绍的提炼方法有（　　）。

A．悬疑设定　　B．功能描述　　C．利益冲击　　D．参考标准

4．车辆六方位介绍法，每个方位介绍的内容、功能归纳起来包含以下要素，介绍时只要充分运用这些文字，会让客户听得较明白。（　　）

A．安全、操控　　B．舒适、经济　　C．外观　　D．工艺、可靠

5．产品介绍的原则有哪些？（　　）

A．针对客户需求　　B．重点绕车介绍

C．以“客户”为中心的语言　　D．运用 FAB 话术

6．产品介绍的技巧有哪些？（　　）

A．概述　　B．针对客户主要需求开始

C．寻求客户认同　　D．让客户动手

E．鼓励客户提问　　F．总结

7．用 FAB 法则介绍汽车时，属性是指下面哪点？（　　）

A．汽车给客户带来的好处和利益　　B．汽车的参数、性能、配置

C．你的产品或服务是如何帮助客户的　　D．客户使用产品的反馈

二、填空题（共 13 分）

1．当车停稳以后，轮毂上的品牌按标准要求应该与地面呈________状态。

2．发动机盖打开以后，凡是视线范围内的位置都不允许有________。包括车的前脸，也不允许有灰尘，包括________，这些都是可能被忽视的地方，因为排气管也是视线能看到的。

3．所谓汽车的卖点就是购买的产品能给客户带来________的那部分功能。

4．用 FAB 法则介绍车辆，请把例句中所属的代表字母选上：我们这款赛车配备有 12 缸的发动机________，0～100 千米/小时加速只用 6 秒________，所以让您非常省时________。

5．产品介绍中常用的 FAB 销售技巧中的 F、A、B 各代表什么呢？

答：F 代表________　　A 代表________

B 代表________

6．关于六方位介绍

1 号位，车前 45 度介绍：____。

2 号位，驾驶室介绍：____。

3 号位，车后座介绍：____。

4 号位，车后方介绍：____。

5 号位，车侧方介绍：____。

6 号位，发动机室介绍：____。

7．车辆介绍完毕怎么总结概括？

这就是我为您推荐的________________威驰，绿色环保、节能省油，高性价比，号称“全球________最低的丰田轿车”。

三、判断题（每题 1 分，共 5 分）

1．销售顾问右手微弯向前伸展，五指并拢，站在离车头 120 厘米、客户右方 90 厘米处介绍品牌的外观。（　　）

2．所说的“六方位绕车介绍法”是指汽车销售人员在向客户介绍汽车的过程中，围绕汽车的 1 号位～6 号位六个方位展示介绍汽车。（　　）

3．坐进一辆新车里可以激发客户的很多感觉。在这种情况下，要将话题立刻转到客户是否希望购买这辆车上。（　　）

4．介绍车辆时，务必着重介绍该车型的突出特点或从客户最感兴趣部位开始介绍，做到

有的放矢，针对客户真正的需求。（　　）

5．在客户感受车时，要避免谈到价格问题。（　　）

技能训练

实训任务 1

请你用 FABI 话术介绍丰田威驰车的防夹电动车窗。（4 分）

丰田威驰车防夹电动车窗

这款车不仅配备了电动车窗和电动天窗，还带有防夹手功能。

电动车窗只需轻轻用手点击一下玻璃升降开关，就可以将车窗自动升降，非常方便、快捷，它还可以根据感应器感应到关窗时是否有障碍物，如果有就会自动退回。

这个功能可以方便您升降玻璃。还可以防止意外夹伤。

有时候，在您升起车窗时，没注意看到后排乘客的举动，如果有小孩子正把手伸出窗外，就会有被夹伤的可能，但是有了防夹手功能，就可以让您免除后顾之忧，安心使用电动车窗的功能了。

请你指出：

F：____。

A：____。

B：____。

实训任务 2

丰田威驰产品介绍（50 分，100×0.5）按照表 5-9 的考评项来打分。

资料卡

情境：（1）经过初步的交谈，客户张先生、王老师已经比较倾向于销售顾问推荐的丰田威驰三厢 2014 款 1.5L 手动智享版，并有兴趣进一步了解该车的详细配置及功能。

（2）产品介绍过程中，客户提出一些顾虑，因客户比较认可德系品牌，认为德系品牌的产品质量和售后服务让人放心，对丰田车的质量有些担心。

（3）通过销售顾问的合理解释后得到客户的认同，并邀请进行试乘试驾。

参考问题：

客户在销售顾问介绍产品时问如下的问题：

1．威驰 1.5L 手动智享版与大众 POLO1.4L 哪个好呀？ 哪个故障率更低？

2．1.5L 的排量发动机汽车跑起来会不会动力不足？

3．车门的声音比较“飘”，好像车身钢板较薄，是否不安全？

4．油耗是多少？省油吗？维修保养贵吗？

5．客户提出行李箱在三厢车里会不会有点小？

6．轮胎是多大？看起来蛮小的。

7．王老师问后排座椅够宽吗？会不会我两个闺蜜坐进去都顶着膝盖了？

8．清明回老家祭祖，路况不好会不会碰到底盘？

丰田威驰与大众 POLO 相关指标对比（客户使用反馈）参见表 5-5。

实训目标

1．掌握绕车六方位介绍的相关知识和技能，能适当运用 FAB 法则给客户进行产品介绍。

2．在给客户进行车辆介绍时，能熟练地回答客户提出的问题。

实训过程

1．绕车六方位介绍视频观看（教师在旁讲解、引导、点评），或者实训之前到汽车 4S 店观察过销售顾问的工作，了解真实环境中的绕车六方位介绍情景，并进行分析讨论。

2．任务呈现。学生阅读情境卡，教师适当讲解，接受学生提问，学生要自我消化每个角色的权利和义务、角色间的相互关系、回旋余地。师生进行任务的讨论。

3．分组。8 人一组（视班级人数而定），一人扮演销售顾问，一人扮演客户（具体视情境而定），其他同学当本组观察员。时间允许的条件下互换角色。

4．全班抽取责任心强的 5 人作为考评员。（也可直接由教师来考评打分）

5．每组拟订情景演练计划（写角色扮演的文字稿）。

6．教师查阅各组情景演练的方案，并分析其可行性。

7．学生施行演练，本组观察员观察评估，教师指定一名学生全程录像（有条件的学校可以执行此方法），考评员打分。

8. 师生反馈。教师播放学生角色扮演的录像（有条件的学校可执行此步骤），让学生与企业真实流程相对比，学生总结、分享（包括专业技能、工作态度及团结协作三个方面）本次实训的收获，指出要改进的地方。教师总结本次实训。

9. 每组展示角色扮演的文字稿，上交反馈表和该次角色扮演的文字稿。

必要的知识点回顾

一辆轿车具体的六方位：

1 号位是车前的 45 度角；2 号位是驾驶座的位置；3 号位是后排座；4 号位是车的后部，后备箱等都属于 4 号位；5 号位是车的正侧面；6 号位是发动机盖打开里边的部分，即发动机室。那么销售人员应该着重介绍什么呢？

六方位如图 5-5 所示。

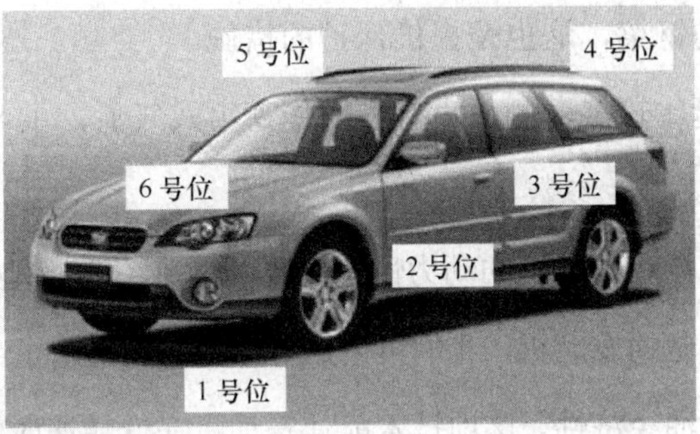

图 5-5 六方位绕车介绍

六方位及介绍的重点：

1. 车前 45 度——车子的外形、品牌、理念、历史

1 号位是车前 45 度角，从这个角度第一眼可以展现的是汽车的前脸。因为每一个品牌的车，其形状和设计的角度都不一样。所以我们在 1 号位从车头 45 度角向客户重点介绍车子的外形、品牌、理念、历史。

2. 驾驶室——科技、操控、工艺、主动安全方面的配置

2 号位是驾驶座这个位置，在这个位置主要介绍乘坐的舒适性和驾驶的操控性。因为驾驶座这个位置有很多汽车操控的功能键。你可以介绍其科技、操控性、工艺、主动安全方面的配置。

3. 后座——空间、舒适、音响

在 3 号位主要应介绍的是后排座的空间和它的舒适性。

客户坐上去以后要向他介绍后排座空间的舒适性，避震的设计，避震的效果。好一点的车后排座设计得很像沙发，可以变换角度或者平放。

4．车后方——尾部造型、后备箱及尾灯

4 号位是车的后部，在这个方位销售人员要重点介绍车辆尾部的特点、尾灯的特点，还有后备箱。如后备箱的容积有多大，两厢有两厢的优势，三厢有三厢的好处，销售量员要根据不同的情况来向客户介绍。

5．车侧方——被动安全、悬挂、轮胎

很多销售人员认为车的侧面很难介绍，其实这个地方是很重要的，因为买车的客户最关心的还是安全，销售顾问可以跟客户这样讲：大家看，一般的车是有三个柱子，我们称之为 A 柱、B 柱和 C 柱。一些汽车销售公司的员工不知道 A 柱、B 柱和 C 柱应该介绍什么，其实这里边的填充物可以抗冲击。

门的侧面都有防撞的钢梁，这也是提供保护的措施。

再就是有些车的气囊比较多，侧面也有，叫作窗帘式气囊，主要保护头颈部。

6．发动机室——动力性、参数、燃油经济

主要介绍发动机的特点和发动机的动力性、参数、燃油经济；例如，对于全国职业院校汽修技能比赛的用车丰田威驰的发动机，我们可以这样介绍：它采用了 VVT-I 技术，在满足动力需要的同时确保卓越的燃油经济性。这项技术能使发动机在低转速时输出更大扭矩，又能在高速运转时平顺，提供更大的动力输出，不仅提高燃油效率和运动性能，也能实现最小的有害物质排放。

每个方位介绍的内容、功能归纳起来包含以下要素，介绍时只要充分运用这些文字，会让客户听得较明白。

- 1．安全
- 2．操控
- 3．舒适
- 4．经济
- 5．外观
- 6．工艺
- 7．可靠

查资料做准备

教师提示学生登录爱卡汽车网站的选车中心 http://newcar.xcar.com.cn/167/review/2/1.htm 查阅丰田威驰和竞品车大众 POLO 的车型资料及车主使用中反馈的两款车在外观、品质、油耗、配置、舒适度、细节、操控性能等方面的优缺点，特别是针对情境资料中客人要问的 8 个问题做好资料的查询和应对的准备。协助学生在较短的时间内掌握所推荐车型及竞品车型的产品知识，写出角色扮演的脚本。

查询并记录：

“1.5L 排量发动机的汽车跑起来会不会动力不足？”

应对——____

____

威驰的行李箱大小及与竞品比较的数据——____

____

油耗及与竞品的比较数据——____

____

后排空间的大小及与竞品的比较——____

____

车门钢板较薄的应对——____

____

威驰 1.5L 手动智享版与大众 POLO1.4L 哪个好呀？哪个故障率更低？

____

____

____

____

角色扮演的文字稿（必须包含客户问的问题的应对）。（可用附页粘贴此处）

____

____

____

____

评价表

表 5-9　　六方位介绍考核评价表　被考评人（小组）：＿＿＿＿考评员（教师）：＿＿＿＿

评价项目及标准	分值	自评	互评	考评员评价	得分
1. 按标准礼仪接待，注意手势及站位，精神饱满，随时保持热情与笑容，有亲和力	5				
2. 介绍过程中让客户参与及感受车的性能	3				
3. 对客户的观点及感受表示认同	3				
4. 准确了解车型的性能、参数，无错误	3				
5. 准确了解竞品同等级车型的性能、参数	3				
6. 能对竞品车有客观的比较	3				
7. 是否解决客户的疑虑，并得到客户认同	3				
8. 商品说明结束前，是否确认客户还有疑问	3				
9. 产品及竞品的知识掌握程度及专业的比较能力	8				
10. 语言的表达能力	3				
11. 应对技巧	3				
□车前方 1□2□3□（每个亮点 2 分，共 6 分） 该亮点介绍时使用 FABI 话术，每用一次加 1 分	10				
□驾驶室 1□2□3□（每个亮点 2 分，共 6 分） 该亮点介绍时使用 FABI 话术，每用一次加 2 分，该方位加分不超过 4 分	10				
□车后排 1□2□3□（每个亮点 2 分，共 6 分） 该亮点介绍时使用 FABI 话术，每用一次加 2 分，该方位加分不超过 4 分	10				
□车后方 1□2□3□（每个亮点 2 分，共 6 分） 该亮点介绍时使用 FABI 话术，每用一次加 2 分，该方位加分不超过 4 分	10				
□车侧方 1□2□3□（每个亮点 2 分，共 6 分） 该亮点介绍时使用 FABI 话术，每用一次加 2 分，该方位加分不超过 4 分	10				
□发动机室 1□2□3□（每个亮点 2 分，共 6 分） 该亮点介绍时使用 FABI 话术，每用一次加 2 分，该方位加分不超过 4 分	10				
总分	100				

实训反馈

通过录像对比（有此条件的学校可执行该步骤），或通过观察员的发言，学生反思本次

实训自己掌握了什么技能，不足的是什么，后续如何改进。（从专业技能、工作态度及团结协作方面总结）

学习成绩统计

任务四的教学任务完成后，对本任务中的各个理论学习领域、技能训练成绩进行学习成绩统计，见表 5-10。

表 5-10　任务四学习成绩统计表　考核教师签字：

序号	考核内容	配分	评分标准	自评	互评	教师评价	得分
1	小组活动中本人的贡献度	10	销售顾问（10） 客户（7）、观察员（5）脚本创作（8）				
2	职业态度	2	纪律				
		1	团结协作程度				
		3	积极参与				
3	基础知识测试	30	正确完成每道题				
4	技能训练 1 用 FAB 话术介绍丰田威驰车的防夹电动车窗	4	每答对一项 1 分				
5	技能训练 2 六方位介绍，折算系数为 0.5	50（100 分×0.5）	按照任务评价表评分，再乘以折算系数 0.5				
合　计		100					

任务五 试乘试驾

基础知识测试

基础知识测试（共 30 分）

一、判断题（每题 0.5 分，共 5 分）

1．试驾前不用审验驾照，签订《试乘试驾协议》。（　　）

2．试驾前销售顾问要口述试驾的路线及试驾注意事项。（　　）

3．邀请客户先试乘后试驾，即首先自己驾驶一定的路段，再邀请客户独立试驾。（　　）

4．提醒客户坐好并系上安全带，以及提醒相关安全事项。（　　）

5．换驾时将车熄火并拔出钥匙，上车后再交钥匙给客户。（　　）

6．让客户自己调节好座椅、后视镜、方向盘的位置。（　　）

7．换手时要在客户的视野范围内换到副驾驶座。（　　）

8．试驾前后为节省时间，不用与客户一同检查车辆外观。（　　）

9．试驾结束后最好想办法邀请客户到会展厅，并填写试驾反馈表。（　　）

10．试车后要尽可能化解客户的疑虑。（　　）

二、填空题

试乘试驾目的

1．能够让消费者对________有直观的了解和切身的感性体验。

2．通过试乘试驾建立客户对________的信心，激发客户的购买欲望，延长客户留店时间。

3．可以帮助销售顾问筛选________客户。如果客户主动提出试乘试驾，或者接受了销售顾问的邀请，那么说明他已基本看中了此款车型，只要试乘试驾满意________的几率非常大。

4．通过试乘试驾收集更多的________，便于促进销售。

试车准备

5．要准备的文件有：________、保险卡、________协议。

6．车辆的准备：

◀ 检查车内外是否________。

◀ 起动发动机，检验其是否________。没有警告灯亮起。保证油箱里有________。

◀ 打开空调，检验其运行情况。夏天时应保持车内________，冬天时保持车内________。确保车厢内没有因空调初次启动造成的气味。

◀ 调整并检查________的设置和可接收到的电台。可以在试驾之前播放一张节奏缓慢的CD，这对于缓和某些新客户过于急切的心情非常有帮助，也能够充分表现高保真音响系统的性能。

◀ 夏天时将车停在阴凉处并保证车内________。停车的位置要保证客户上下车方便。对于大多数客户来说，这是他们第一次开我们的车。该位置必须便于试驾之前向客户解释车辆和车辆的________，着重强调客户________的特点（参考他们的购买动机）。

试车注意事项

7．客户必须持有驾驶证才能驾驶，否则只能试________。并填写“试乘试驾登记表”（必须验证及签名）。销售顾问通过“试乘试驾登记表”，尽可能掌握________。

8．试车前后与客户一同检查车辆外观。

9．试车前需向客户进行________说明。

—需说明转向灯、________使用方法

—需说明________、________等调整方法

—需说明________、排挡锁等使用方法

10．试车路线：设计好路线，每个路段测试不同的________，如安静性、 舒适性、加速性、动力操控性、制动性……展示车辆的以下7个性能：加速性能、________________。

11．安全第一，严格遵守________路线。不能随便更改。在客户开得过快或未遵守限速规定时注意提醒。试驾结束确保车辆完好归还，在归还之前必须检查车辆是否________。

12．试车时，先避免________，让客户熟悉车子之后，销售顾问需向客户介绍________（与客户需求结合）、车辆的标准配备与优点、客户最关注的内容。

13．让客户有充分的时间去感受产品介绍时提到的________，并且能化解产品介绍时客户带有的________。

试车总结与询问

14．在客户试车完毕后，应主动听取客户试车的________，主要包括硬性方面诉求：外

观、________、________性、安全性、________性、耐久性。软性诉求：感性、形态、话题性。

15．着重点出在“________”阶段所讨论的特性和优点，并对客户关心或顾虑的问题给予强化说明。

16．填写________表。

17．如果客户在评价过程中提出疑虑，销售顾问要用技能话术尽量________。如果客户表达出更迫切的________愿望，则销售顾问应主动进入销售讨论程序，争取尽快完成销售。否则，需与客户约定后续活动事宜。

技能训练

实训任务

试乘试驾流程训练（角色扮演）50 分（100 分×0.5）按照表 5-12 的考评项来打分。

资料卡

张先生与王老师通过听取销售顾问的产品介绍，决定要试乘试驾丰田威驰。

情境：办完试乘试驾手续后，他们在销售顾问的陪同下开始检查车辆，发现车头机器盖子的接缝非常整齐，做工相当不错。试驾过程中，夫妇俩看到这款小车有天窗很惊喜，感觉视野很开阔。对车内的音响非常满意，感觉威驰方向盘操控不错，方向灵敏，开起来一点都不累，比开卡罗拉省力。悬挂不软不硬，对坑洼的颠簸过滤得很好，坐在车里非常舒适。

实训目标

1．熟悉试乘试驾流程，会按照正确的流程带领客户进行试乘试驾。

2．培养严谨认真、一丝不苟的工作态度。

实训过程

1．相关视频观看（教师在旁讲解、引导、点评），或者实训之前到汽车 4S 店观察过相关的工作，了解真实环境中的试乘试驾情景，并进行分析讨论。

2．任务呈现。学生阅读情境卡，教师适当讲解，接受学生提问，学生要自我消化每个角色的权利和义务、角色间的相互关系、回旋余地。师生进行任务的讨论。

3．分组。8 人一组（视班级人数而定），一人扮演销售顾问，一人扮演顾客（具体视情境而定），其他同学当本组观察员。时间允许的条件下互换角色。

4．全班抽取责任心强的 5 人作为考评员（也可直接由教师来考评打分）。

5．每组拟订情景演练计划（写角色扮演的文字稿）。

6．教师查阅各组情景演练的方案，并分析其可行性。

7．学生施行演练，本组观察员观察评估，教师指定一名学生全程录像（有条件的学校可以执行此方法），考评员打分。

8．师生反馈。教师播放学生角色扮演的录像（有条件的学校可执行此步骤），让学生与企业真实流程相对比，学生总结、分享（包括专业技能、工作态度及团结协作三个方面）本次实训掌握了什么技能，指出要改进的地方。教师总结本次实训。

必要的知识点回顾

步骤要点：

客户试乘试驾时，查验证件—讲解流程—签订协议—领取套件—试乘体验—试驾感受—反馈意见—抗拒处理—赠送礼品—邀请成交

标准流程回顾

试乘试驾流程见表 5-11。

表 5–11 试乘试驾流程

细化流程	规范语言	标准动作
1．检验证件	请您提供身份证和驾驶证，我来帮您办理试驾手续	1．登记证件并复印存档 2．双手接过证件 3．身体略有前倾
2．讲解流程	1. 我利用 3 分钟的时间为您讲解试驾流程，这样可以让您更深切地体验我们丰田威驰的卓越性能 2．您看可以吗 3. 我们的试驾路线是……时间需要……其中在……地方需要注意路况比较复杂。我们在……地点换手，由您亲自试驾……	1．利用路线图认真讲解 2．认真回答客户提问
3．签订协议	如果您对我们的流程和协议没有异议，请在这里签字确认	为客户提供签字笔并将笔帽摘除，同时笔尖指向客户身体外侧双手奉上
4．领取套件	请您稍候，我去帮您领取试驾车套件，您先休息下。我很快回来	用试驾协议和客户证件副本换取试驾车行驶证和车匙、放行条等

续表

细化流程	规范语言	标准动作
5．试乘体验	1．请您先在副驾驶体验下我们的产品的乘坐舒适性和考究的工艺水平，我带您熟悉一下试驾路况后，再由您亲自驾驶好吗 2．这样的座椅位置可以吗 3．您可以操作这几个按钮自行调整 4．请您系好安全带，谢谢	1．注意帮客户调好座椅 3．鼓励客户自己动手操作 2．提醒系好安全带
6．试驾感受	1．好啦，到了这里您可以亲自驾驶车辆，感受它精准的操控性和驾驶乐趣吧 2．您感觉现在座位和方向盘的位置可以吗 3．后视镜的位置可以吗 4．您可以操作这几个按键自行调整	1．协助客户调好座椅和后视镜、方向盘高度 2．提醒客户系好安全带并注意驾驶安全 3．自己上车系好安全带后再启动车辆
7．反馈意见	1．您对我们这次的试驾有什么感受？请您填写试乘试驾表 2．希望我们在哪些方面有所完善呢	邀请客户填写试驾反馈表，并协助客户回忆试驾感受
8．异议处理	1．您提的这个问题很专业，我来为您说明它产生的原因好吗 2．这个问题是很多车主都提出过的疑虑，其实也很简单的……	保持微笑，同时认同客户情感
9．赠送礼品（客户如果无进一步的购买意愿）	这是我们专门为您准备的礼品，希望您以后也能够生意兴隆、财源广进啊	1．关注客户的眼神 2．身体略向前倾，双手奉上
10．邀请成交（如果客户有较强的购买意愿）	1．我觉得这部车非常适合您，我来帮您计算下总的购车预算吧 2．既然您这么喜欢这辆车，干脆今天就开回去好啦	1．保持微笑，充满自信 2．准备销售工具包

查资料做准备

教师提示学生登录爱卡汽车网站的选车中心 http://newcar.xcar.com.cn/167/review/2/1.htm 查阅丰田威驰和竞品车大众 POLO 的车型资料及车主使用中反馈的两款车在外观、品质、油耗、配置、舒适度、细节、操控性能等方面的优缺点，特别是针对威驰车主在试驾时可能提出的疑虑在网站进行查询并记录：______

______

______

______

______

______

在课堂上不能链接到网站的学生可以结合教师在任务三给出的表 5-5 丰田威驰与大众POLO 相关指标对比（客户使用反馈），准备本组的角色扮演稿。

角色扮演的文字稿。（可用附页粘贴此处）

____

____

____

____

____

____

____

评价表

表 5-12　　试乘试驾考核评价表　被考评人（小组）：________考评员（教师）：________

评价项目及标准	分值	自评	互评	教师评价	得分
1．试驾前是否审验驾照，签订《试乘试驾协议》	10				
2．试驾前口述试驾的路线及试驾注意事项	5				
3．邀请客户先试乘后试驾，即首先自己驾驶一定的路段，再邀请客户独立试驾	5				
4．提醒客户坐好并系上安全带，以及提醒相关安全事项	5				
5．换驾时将车熄火并拔出钥匙，上车后再交钥匙给客户	5				
6．协助客户调节好座椅、后视镜、方向盘的位置	5				
7．换手时是否在客户的视野范围内换到副驾驶座	5				
8．试车前后是否与客户一同检查车辆外观	5				
9．客户熟悉车了之后，销售顾问需向客户介绍丰田威驰汽车的性能（与客户需求结合），车辆的标准配备与优点，客户最关注的内容。让客户有充分的时间去感受产品介绍时提到的优点，尽量弱化缺点	20				
10．试驾结束后邀请客户填写试驾反馈表	5				
11．试车后能根据客户异议的类型采用适当的方法来化解（包括产品、价格等异议）	20				
12．（客户如果无进一步的购买意愿或回去再考虑）赠送礼物表示感谢，约定下一次相关事宜/（客户如果有较强购买意愿）邀请成交	5				
13．异议化解后能察觉客户的语言、动作、表情等信号，适时建议客户购买，促成交易	5				
总分	100				

实训反馈

通过观察员的发言，学生反思本次实训自己掌握了什么技能，不足的是什么，后续如何改进。（从专业技能、工作态度及团结协作方面总结）

学习成绩统计

任务五的教学任务完成后，对本任务中的各个理论学习领域、技能训练成绩等进行学习成绩统计，见表 5-13。

表 5–13　　任务五学习成绩统计表　　考核教师签字：

序号	考核内容	配分	评分标准	自评	互评	教师评价	得分
1	小组活动中本人的贡献度	10	销售顾问（10） 客户（7）、观察员（5）脚本创作（8）				
2	职业态度	3	纪律				
		3	团结协作程度				
		4	积极参与				
3	有关试乘试驾的基础知识测试	30	回答正确，书写工整，按时完成				
4	试乘试驾角色扮演折算系数为 0.5	50（100 分×0.5）	按照任务评价表评分，再乘以折算系数 0.5				
合　计		100					

任务六　异议处理、报价成交

基础知识测试

基础知识测试总共 30 分

一、填空题（每空 0.5 分，共 25 分）

1. 客户异议的含义

客户异议，是指客户对推销的产品________、________、________和交易的________发出怀疑、抱怨，提出________意见。

2. 客户异议的类型

按性质分：有真实异议、________异议。

按内容分：有________异议、________异议、________异议、________异议、推销员异议、企业异议、需求异议、________异议、________异议。

客户说："如果再便宜点就好了。"属于________异议。

客户说："这车内有点热，是不是空调不够力？"属于________异议。

客户说："我还要再考虑考虑。"属于________异议。

客户说："我的丰田威驰车万一停在地下车库里蓄电池没电了，怎么办？"

属于________异议。

客户说："买车是件大事，我自己做不了主，还得回去与老公商量。"属于________异议。

3. 处埋客户异议的流程

（1）耐心听取

站在________的立场上，让对方感觉到他有这样的想法，你能理解，你同意他的观点等。听的时候不要________客户的话，要表现出重视客户的观点的样子，哪怕客户的观点是错误的、离谱的，你可以把他说的话________，客户感觉到你在认真听，会觉得销售顾问诚恳、关怀、友善。

（2）分析客户异议原因

通过倾听，对客户________的需求、疑虑进行准确的鉴别和判定，以便采取________。

（3）采取应对措施

回答客户异议前要________停顿，让客户觉得你的回答不是随意敷衍，而是经过思考后的回答，回答时要清楚，条理分明，最好给出________方案供客户选择。

（4）促成交易

当客户对销售顾问的回答基本________时，销售顾问就要抓住机会，帮助客户尽快做出购买决定，促成交易。如果客户仍然不购买，表示客户还有别的________，就要耐心识别客户的异议，设法消除疑虑。

4．处理客户异议方法

客户的异议是多种多样的，处理的办法也千差万别，一定要因时、因________、因________、因事而采取不同的办法。在推销进程中，常见的处理客户异议的办法有下列几种：转折处理法、________处理法、________法、委婉处理法、合并________法、冷处理法和取舍法。

5．主导型客户的特点是____。

6．分析型客户的特点是____。

7．社交型客户的特点是____。

8．当重大推销障碍被有效处理后，重要的产品利益被客户接受之后，客户发出各种购买信号时，包括语言信号、________信号、________信号时，销售人员就应该善于捕捉，适时提出________的请求，促成交易。

9．踢好临门一脚，关键要克服________，运用好________的技巧，注意防范成交的________。

10．客户发出的购买信号：

语言信号有：询问交易方式，交多少订金，讨论按揭、保险、贷款利息等事情，请你再写出3种语言信号：①______________②______________③______________。

行为信号有：异议解决后，突然他把腰背直立起来，不再靠沙发了，而且身体是朝着你的方向往前倾斜；请你再写出3种行为信号：①______________②______________③______________。

11．虽然汽车销售流程有九大环节，但是不是每一次交易都要经过所有阶段，一旦发现有成交信号可以随时提出________请求。

12. 在所有可能导致谈判僵局的谈判主题中，________是最为敏感的一种，是产生僵局频率最高的一个方面。

二、判断题（每题 1 分，共 5 分）

1. 如果购买，才可以告知底价或者帮客户申请争取优惠。（　　）

2. 询价和价格谈判都是一样的报价方法。（　　）

3. 不要在询价时就把所有底价抛出去，要预留后面的谈判空间。（　　）

4. 在客户询价的时候，给出的价格就应该预留出客户的还价空间，其实这个定价应该是 4S 店整体的一个定价策略，需要在事先定价时就已经考虑过此事。（　　）

5. 如果客户非要降价才买，销售顾问可以采用交换条件法，告知客户假如在此进行精品装饰或者购买保险可以帮客户争取到这个价。（　　）

技能训练

实训任务 1

客户异议处理的技巧话术考核（每题 2 分，共 10 分）

1. 客户抱怨车内饰粗糙怎么办？说完她又去看车子别的部位了。

处理办法：____

____

____。

2. 客户抱怨丰田威驰车车门关闭声音有点“飘”，钢板比较薄，是不是不够安全。

处理办法：____

____

____。

3. 客户抱怨说价格太贵了。

处理办法：____

____

____。

4. 客户说网上威驰车的价格比你们 4S 店要低。

处理办法：____。

5．客户说，“我回去考虑一下。”

处理办法：____。

实训任务 2

促成交易和价格谈判的方法考核（每题 1 分，共 5 分）

1．——奥迪这款车型非常好卖，这一辆卖出去后，要等很久才会来下一批，而且有可能公司还要加价。这是________成交法。

2．——好多年轻的刚工作不久的白领，他们的第一辆车都喜欢选新款的丰田威驰，性价比高，操控性好，省油，外形靓丽，故障率低，维修成本低，您就选这款吧！销售顾问用的是________成交法。

3．——您是选择红色那辆还是银色那辆？销售顾问用的是________成交法。

4．客户正在看一辆车，销售顾问说：

——“李先生，您真有眼光！您看的这辆韩国现代的雅科仕，在韩国它可是总统的座驾哦！它的配置很高，有种低调的奢华。”

销售顾问用的是________成交法。

5．如果某款车，客户要求降价，不降价不买，销售顾问权限是有 1000 元的降价空间，

问题：请问销售顾问能一次降完 1000 元吗？答：________________________

实训任务 3

实训任务 3 和实训任务 4 可以任选一项

价格谈判 40 分（100 分 × 0.4）按照表 5-14 的考评项来打分。

★ 实训任务 3 和实训任务 4 可以任选一项

情境：2014 款威驰 1.5L 自动智享版活动期间本店的优惠价是 9.68 万元，客户第一次要

求降1000元，销售顾问若同意店里就亏损了，这是不可能执行的；客户要求降700元，销售顾问若同意就自己就没有任何提成了，但是店里还能保本销售。对于张先生和王小姐这样的客户，你怎么报价？怎么进行价格谈判？

评价表

表5-14　　价格谈判考核评价表　被考评人（小组）：________考评员（教师）：________

评价项目及标准	分值	自评	互评	教师评价	得分
1. 是否恰当利用客户表示出来的言行进入购买商谈环节	5				
2. 能否确认夫妇俩谁是真正的决策者	5				
3. 要先询问消费者是否真的购买，否则不要进行价格谈判	10				
4. 找出客户的价格底线	10				
5. 坦诚告知汽车经销的运作模式及价格管理规定，活动给出的优惠价不能再少了，是公司的销售政策	10				
6. 是否做到尽量不降价，将让利转化为售后服务因素或者赠送附件形式	10				
7. 如果双方在价格谈判僵持时，不要单纯地说产品如何好，还要讲解品牌实力、经销商的实力会给消费者购买后带来很多超值服务，比如，维修水准高，服务比别人好	10				
8. 一开始让客户感觉到你是站在他的立场上帮他和公司谈判，而不是你和客户之间的谈判，不要搞僵关系	10				
9. 如果客户非要降价才买，销售顾问可以采用交换条件法，告知客户假如在此进行精品装饰或者购买保险可以帮客户争取到这个价	10				
10. 降价时不要等额让步，不准起步全让光，不准先少后多，越到后面降得越多	10				
11. 客户确定一定购买了（或交了 100 元意向金了）才去向领导申请，让客人觉得降价来之不易，有谈判谈赢的感觉	10				
总分	100				

实训任务4

★ 实训任务3和实训任务4可以任选一项

异议处理+报价成交（角色扮演）40（100分×0.4）按照表5-18的考评项来打分。

资料卡

情境：填写完试乘试驾反馈表，张先生提出了如下异议：觉得车辆提速不是十分迅速，制动有点软，在市区，如果车速过快、跟得过紧很容易追尾；另外，王老师说听老师们议论丰田车在高速路上开到130千米时速时，车子有发飘的感觉。威驰车的车门关闭声音不够厚重，是否钢板有些薄，不够安全？

（1）销售顾问进行异议化解，客户的疑虑终于解除，客户对销售顾问的解答相当满意。销售顾问恰当利用客户表示出来的言行进入购买商谈环节，客户要求价格再优惠，销售顾问向他们解释了销售政策。销售顾问价格上虽然没有太大让步，本来按规定送抱枕和脚垫，但是经领导签字同意送了电子狗，条件是客户同意在此贴膜、买保险，双方确定成交。

（2）主动介绍专营店所提供的车内装饰、保险、代办上牌等增值服务。

（3）向客户解释各种明细费用，包括保险、购置税和上牌，客户在此购买交强险+车损险+第三者责任险+车上人员责任险。

（4）张先生当天刷卡付了定金2000元，销售顾问选好日子再让夫妇俩来提车。

客户问的参考问题：1. 你直接给个最低价，合适就买了。2. 能否再少1000元，实在不行少700也可以！要不少300再送电子狗？3. 你这里的保险费太贵了，我只要买交强险就行了，不买商业险。

实训目标

1. 能识别客户异议的类型。

2. 能用所学知识分析处理客户异议。

3. 能识别客户发出的购买信号，适时建议客户购买，会运用成交的技巧和方法促成交易的成功，同时会防范成交风险。

实训过程

1. 相关视频观看（教师在旁讲解、引导、点评），或者实训之前到汽车4S店观察过销售顾问的工作，了解真实环境中的情景，并进行分析讨论。

2. 任务呈现。学生阅读情境卡，教师适当讲解，接受学生提问，学生要自我消化每个角色的权利和义务、角色间的相互关系、回旋余地。师生进行任务的讨论。

3. 分组。8人一组（视班级人数而定），一人扮演销售顾问，一人扮演客户（具体视情境而定），其他同学当本组观察员。时间允许的条件下互换角色。

4. 全班抽取责任心强的5人作为考评员。（也可直接由教师来考评打分）

5．每组拟订情景演练计划（写角色扮演的文字稿）。

6．教师查阅各组情景演练的方案，并分析其可行性。

7．学生施行演练，本组观察员观察评估，教师指定一名学生全程录像（有条件的学校可以执行此方法），考评员打分。

8．师生反馈。教师播放学生角色扮演的录像（有条件的学校可执行此步骤），让学生与企业真实流程相对比，学生总结、分享（包括专业技能、工作态度及团结协作三个方面）本次实训的收获，指出要改进的地方。教师总结本次实训。

9．每组展示角色扮演的文字稿，上交反馈表和该次角色扮演的文字稿。

必要的知识点回顾

步骤：

异议处理—客户确认产品和价格—销售人员克服心理障碍—观察客户是否有购买信号—运用促成交易的方法适时建议客户购买—协商洽谈进行装饰件及精品推销，保险的推销，车贷的推销—签订合同—告知付款、提车、办证相关事宜。

细化流程：

异议处理报价成交流程见表 5-15、表 5-16。

表 5-15 异议处理报价成交流程（一）

细化流程	规范语言	标准动作
1．异议处理	1．您提的这个问题很专业，张先生很细心哦。我来为您说明它产生的原因好吗 2．这个问题是很多车主都提出过的疑虑，其实也很简单的……	保持微笑，同时认同客户情感
2．卖点总结	1．这是您最希望拥有的第一辆车，有了这款车，一定给你们的工作和生活带来很大的便利 2．刚才您也在试驾体验中给我们的车辆动力性能打了较高的分数，不是吗	1．关注客户眼神，表现出自信、坚定的态度 2．注重情绪感染 3．使用试驾反馈表和客户需求分析表
3．引用需求	您看这是我为您记录的需求要点，关于省油和良好的操控性及空间足够大，您是最注重的	1．利用需求分析表 2．使用客户试驾反馈表
4．邀请成交	如果您同意，我就向您详细说明一下我们的购车预算，这样的话您也可以更加清楚地知道，应该如何来购买您的座驾	
5．强调价值	1．拥有丰田公司成熟的发动机技术的威驰，性价比高，操控性好，省油，外形靓丽，空间大，故障率低，维修成本低，可以说这是小型车中价值超凡的一台座驾 2．您说是吗	

续表

细化流程	规范语言	标准动作
6．技巧报价	1．只需要投入 9 万元左右就能够拥有这么好的配置的车子，还有什么比这个更实在呢 2．现在购买还可以享受我们公司专门为您准备的×××套餐	
7．抗拒再处理	您的顾虑我很理解，因为我的几个老客户也提出过这样的问题，但是最后还是选择了我们，这是因为……	
8．深度议价（向客户推荐保险、装潢）	如果您已经确定要拥有这部车，那么我们来确定一下您需要的保险和装潢等服务项目价格吧	保险计算表、装潢清单
9．签订文件	（再次跟客户确定重要事项如车型、颜色价格后开始填写） 这是我们的购车文件，您可以认真看看，如果有什么疑问我可以随时为您解答。请您在这个位置签名确认	购车协议、委托书、保险协议、装潢协议
10．流程介绍	在您购车之后，我们会按照这样的流程协助您办理办证和提车业务。您看可以吗	利用流程说明手册
11．感谢、送客	您慢走，再见	鞠躬、握手、送客人

如果客户没有选择购买，采用以下流程来操作：

表 5-16　　异议处理报价成交流程（二）

细化流程	规范语言	标准动作
1．客人提出暂时不买，回去再慢慢考虑	1．您需要时间再考虑一下是可以理解的，买车是件大事。应该多方参考，和家里人商量决定 2．大多数车主都会这样做。但是买车本身就是一件很快乐的事情，不要让自己压力太大 3．看到眼花缭乱会一时冲动买了不适合自己的产品，这种经验我们都有过……	
2．真诚挽留	1．您可以多坐会儿嘛，我还有个问题想请教您一下呢 2．我们这里有专门为贵宾准备的商务套餐，您还是吃完后再走吧	
3．需求总结	这里是我为您整理的购车需求和关注要点，您可以带回去看看。希望可以为您购车提供有用的参考	
4．问题设计	另外，您所关注的车辆操控和稳定性，跟悬挂系统是有很大关系的，您可以留意其他车型是否也有配备××配置。这对价格的影响也是很大的	
5．回访设定	我会为您准备些关于您所关注的车型的资料，大概要 2~3 天时间，您看到时候发短信给您发短信还是电话通知您过来？或者我也可以帮您送过去	

查资料做准备

教师提示学生登录爱卡汽车网站的选车中心 http://newcar.xcar.com.cn/167/review/2/1.htm

查阅丰田威驰和竞品车大众 POLO 的车型资料及车主使用中反馈的两款车在外观、品质、油耗、配置、舒适度、细节、操控性能等方面的优缺点，在网站进行查询并记录：

____

____

____

____

★ 在课堂上不能链接到网站的学生可以结合教师在任务三给出的表 5-5 丰田威驰与大众 POLO 相关指标对比（客户使用反馈）表以及表 5-16 等资料，准备本组的角色扮演稿。（销售顾问必须熟悉本店销售政策及价格）

★ 从南宁中达丰田汽车销售服务有限公司了解到，威驰现车销售，颜色可选，目前购车可享 3000 元现金优惠，使用丰田金融购买威驰享受 2 年 0 利息，更多优惠信息欢迎咨询：4006258609。促销时间 2015-06-04—2015-06-11 详情参见表 5-17。

★ 征服者 988 电子狗 ，4S 店参考价 680 元，网上 500 多元。

表 5-17　威驰优惠车型价格表

车型名称	厂商指导价	现　价	优惠幅度	现车情况
2015 款威驰 1.5L 手动智享星光版	9.48 万元	9.18 万元询底价	0.3 万元	有现车
2015 款威驰 1.5L 自动智享星光版	10.28 万元	9.98 万元询底价	0.3 万元	有现车
2015 款威驰 1.5L 自动智尊星光版	11.08 万元	10.78 万元询底价	0.3 万元	有现车
2014 款威驰 1.3L 手动超值版	6.98 万元	6.68 万元	0.3 万元	有现车
2014 款威驰 1.3L 手动型尚版	7.58 万元	7.28 万元	0.3 万元	有现车
2014 款威驰 1.5L 手动智臻版	7.98 万元	7.68 万元	0.3 万元	有现车
2014 款威驰 1.3L 自动型尚版	8.38 万元	8.08 万元	0.3 万元	有现车
2014 款威驰 1.5L 自动智臻版	8.78 万元	8.48 万元	0.3 万元	有现车
2014 款威驰 1.5L 手动智享版	9.18 万元	8.88 万元	0.3 万元	有现车
2014 款威驰 1.3L 自动智尚版	9.28 万元	8.98 万元	0.3 万元	有现车
2014 款威驰 1.5L 自动智享版	9.98 万元	9.68 万元	0.3 万元	有现车
2014 款威驰 1.5L 自动智尊版	11.28 万元	10.98 万元	0.3 万元	有现车
市场价格波动频繁，实际优惠幅度请以到店咨询为准，更多行情请关注爱卡南宁 http://nanning.xcar.com.cn/				

★ 同学们在设计脚本时要充分运用客户要求价格让利时的应对方法及价格谈判的报价技巧。

角色扮演的文字稿：（可用附页粘贴此处）

____

____

____

____

____

____

评价表

表 5-18　异议处理+报价成交实训评价表　　被考评人（小组）：　　考评员（教师）：

评价项目及标准		分值	自评	互评	考评员评价	得分
1. 试车后能根据客户异议的类型采用适当的方法来化解。（包括产品、价格等异议）		10				
2. 异议化解后能察觉客户的语言、动作、表情等发出的购买信号，适时建议客户购买，促成交易		10				
3. 价格谈判具备一定技巧		10				
4. 主动介绍专营店所提供的保险、代办上牌等增值服务		10				
5. 向客户解释各种明细费用	保险	5				
	购置税	5				
	上牌	5				
6. 是否主动向客户提供了贷款购车服务的解决方案		5				
7. 是否主动告知客户不同付款方式的条件及结算注意事项		5				
8. 是否与客户确认车型、价格、交车时间以及其他保险、装饰件的需求等		10				
9. 是否签订了相关文件，包括购车协议、委托书、保险协议、装潢协议		10				
10. 是否告知客户办证、提车的流程		10				
11. 表示感谢、送客		5				
总分		100				

实训反馈

通过录像对比（有此条件的学校可执行该步骤），或通过观察员的发言，学生反思本次实训自己掌握了什么技能，不足的是什么，后续如何改进。（从专业技能、工作态度及团结协作方面总结）

____

____

____

____

____

学习成绩统计

任务六的教学任务完成后，对本任务中的各个理论学习领域、技能训练成绩进行学习成绩统计，见表 5-19。

表 5-19　　　　任务六学习成绩统计表　　　　考核教师签字：________

序号	考核内容	配分	评分标准	自评	互评	教师评价	得分
1	小组活动中本人的贡献度	10	销售顾问（10） 客户（7）、观察员（5）脚本创作（8）				
2	职业素养	2	纪律				
		1	团结协作程度				
		2	积极参与				
3	基础知识测试	30	能按时并正确完成所有题目，书写工整				
4	客户异议处理的技巧话术考核	10	异议处理的技巧话术合情合理，让客户信服				
5	促成交易及价格谈判的方法技巧考核	5	在汽车销售中熟练运用促成交易的方法				
6	实训任务 3 或任务 4 角色扮演折算 系数为 0.5	40（100 分×0.4）	按照任务评价表评分，再乘以折算系数 0.4				
合　计		100					

任务七 新车交付及售后跟踪

基础知识测试

基础知识测试共 18 分

一、选择题（每题 1 分，共 3 分）

1．销售员客户维系中感情联络常用的方法有（　　）。

A．赠送纪念品　　B．书信电话联系　　C．拜访　　D．定期集中沟通

2．如何让成交后的客户给你转介绍，有如下方法（　　）。

A．尽量和客户成为朋友

B．客户提车环节体现细心、耐心，真诚为客户着想

C．在交车仪式上私人赠送客户一份小礼物

D．多次不断地提醒客户转介绍

3．销售人员在向客户交车前，应做的准备工作有（　　）。

A．PDI 检查　　B．交车前的文件准备

C．通知客户提车时间　　D．举行交车仪式

二、填空题（每空 0.5 分，共 15 分）

关于新车交付

1．________检测是一项售前检测证明，按照正规的程序，它是新车在交车前必须通过的检查。

2．车辆交接的时候是要填写一张《________检测表》。

3．新车从生产厂到达经销商处经历了上千千米的运输路途和长时间的停放，为了向客户保证新车的________和________，PDI 检查必不可少。

4．未做 PDI 的新车，会始终在________模式运行。这种模式只能简单行驶，很多系统没有被激活，强行使用会导致功能不全，甚至会严重________车辆，给车辆及驾驶员的安全

造成极大的危害。

5．交车的文件和工具有：________、________合同、________结算单、新车交付检验表、客户信息表及交车服务验收清单。

6．交车时销售顾问要做的：带领客户做交车 PDI，介绍车辆的________，介绍车辆的________规则，介绍售后服务人员与________认识，介绍会员手册及相关内容，做好交车准备。

关于售后回访

7．交车后保持联系的目标是：确保高的品牌________，寻找新的________机会。

8．新车交付后，通常销售顾问给客户的第一个电话在________打出，第二个电话比较合适在________打出。

9．发展一个新客户的成本一般比维系一个老客户的成本要高出________倍，而维系一位老客户给企业带来的价值比开发一个新客户的价值要大得多。一个不满意的客户平均会影响 5 个人。

10．巩固已建立的客户群有如下途径：（1）用________巩固客户关系；（2）以________巩固客户关系。

关于新车首保

11．汽车首保就是指新车的________。基本上所有汽车生产厂家都规定，汽车首次保养必须在汽车行驶________千米以内或________年以内，这两个标准以先到为主。一般情况下，汽车行驶________千米之间是最适合做汽车首次保养，但汽车使用时间不要超过________，时间超了，4S 店就不会给你免费做首保。

12．汽车首保的内容一般都是更换________和________。首保时建议更换________机油，以保证汽车质量。

13．更换机油滤芯，4S 店都简称为更换________。机油滤芯的主要作用是过滤发动机机油中的________，保证机油能正常工作。

14．首保的费用是________承担的，汽车生产厂家会把产生的费用返给 4S 店。

技能训练

实训任务 1

★ 模拟进行新车的 PDI 检查，并填写 PDI 检查表，见表 5-20。（根据学校的实训条件及学生的专业侧重点不同而定）（10 分）

要求：每组每次出两位同学，一位做PDI检查，做PDI检查的同学要高声报出检查的项目及部位，另一位同学在旁边当观察员，观察是否操作正确。

操作完毕，观察员对其进行评价，然后轮换。观察员可以是教师或者学生，观察员可以是多人。

表5-20　　新车交接PDI检查表

经销商名称：________　　VIN码：________　　钥匙号：________
车型：________　　发动机号：________　　运输商名称：________
车身颜色：________　　车架号：________　　检查日期：________

<table>
<tr><td>外观与内饰</td><td>□ 内部与外观缺陷(如变形、擦伤、锈蚀及色差等)
□ 油漆、电镀部件和车内装饰
□ 关闭车门，检查缝隙情况
□ 车玻璃有无划痕
□ 随车物品、合格证、工具、备胎、使用说明书
□ VIN码、铭牌
□ 示宽灯及牌照灯
□ 大灯（远近光）、雾灯开关
□ 制动灯和倒车灯</td><td rowspan="2">室内检查与操作</td><td rowspan="2">□ 离合器踏板高度与自由行程
□ 制动踏板高度与自由行程
□ 油门踏板自由行程与操作
□ 方向盘自由行程
□ 收音机调节
□ 方向盘自锁功能
□ 驻车制动调节
□ 遮阳板、内后视镜
□ 室内照明灯
□ 前后座椅安全带及安全带提示灯
□ 座椅靠背角度及头枕调整
□ 加油盖的开启
□ 手套箱的开启及锁定
□ 前后雨刮器及清洗器的工作情况
□ 点烟器及喇叭的操作</td><td rowspan="2">点火开关及车门装置</td><td rowspan="2">□ 组合仪表灯及性能检查
□ 门灯；中门儿童锁
□ 车门、门锁工作是否正常
□ 门边密封条接合情况
□ 钥匙的使用情况
□ 滑动门的工作情况，必要时加润滑脂
□ 电瓶和起动机的工作及各警告灯的显示情况
□ 手动车窗及开关</td></tr>
<tr><td>发动机舱</td><td>□ 制动液液位及缺油警告灯
□ 发动机机油液位
□ 冷却液液位及浓度
□ 玻璃清洗剂液位
□ 传动皮带的张紧力
□ 油门控制拉线
□ 离合器控制拉线</td></tr>
<tr><td>底部及悬挂系统</td><td colspan="3">□ 底部状态及排气系统　　□ 变速器液位
□ 制动管路有无泄漏或破损
□ 轮胎气压（包括备胎）(前轮：220kPa；后轮：250kPa)
□ 燃油系统管路有无泄露或破损　　□ 确认所有车轮螺母扭矩
□ 悬架的固定　　□ 齿轮、齿条护罩情况
□ 确认保安件螺母扭矩</td><td>驾驶试验</td><td>□ 制动器及驻车制动的效果
□ 方向盘检查与自动回正
□ 变速器换挡操作
□ 离合器、悬挂系统工作情况</td></tr>
<tr><td>热态检查</td><td colspan="5">□ 燃油、防冻剂、冷却液、制动液及废气的渗漏　　□ 蓄电池电压≥12V，怠速时≥13.5V
□ 冷却风扇的工作情况　　□ 热起动性能　　□ 有无其他异响</td></tr>
<tr><td>故障描述</td><td colspan="5"></td></tr>
<tr><td>处理方法</td><td colspan="5"></td></tr>
</table>

以上检查项目：合格“√”、异常“×”；如果需要提出维修时，请将此单和《新车到货质量信息反馈表》传真至公司服务部。

备注：

- PDI检查：对以上项目的正确安装、调试及操作进行详细检查，简述故障现象及处理方法，并签字确认。
- 接车员：确认该车辆已完成了所有的检查项目。

PDI检查人员签字：________接车员签字（经销商公章）：________运输商签字：________

实训任务 2

★《汽车使用手册》讲解（10 分）按照表 5-21 的考评项来打分。

教师实训前准备好实训用车的《驾驶员使用手册》，或自行印刷好手册内要实训的相关内容，分发给每个组，每个组派出两位同学，一人扮演客户，一人扮演销售顾问，销售顾问针对驾驶员使用手册向客户讲解示范，其他同学当观察员。

表 5-21 《汽车使用手册》讲解考核评价表 被考评人（小组）：________考评员（教师）：________

评价项目及评价标准	分值	自 评	互评	考评员评价	得分
1. 从客户关切点（功能、使用方法）开始进行说明及示范，能正确解释，操作示范正确	2	会 否			
2. 汽车使用注意事项说明，能正确解释，操作示范正确	4	会 否			
3. 保修项目的说明，能正确解释	3	会 否			
4. 定期保养的说明，能正确解释	3	会 否			
总分	12				

实训任务 3

新车交付及电话回访（角色扮演）40（100 分×0.4）按照表 5-24 的考评项来打分。

资料卡

做文具用品生意的张先生通过打入电话咨询，后应约来展厅看车，与销售顾问交谈，听了销售顾问的产品介绍，试乘试驾了丰田威驰，销售顾问解除了他们的一系列疑虑，经过价格谈判，夫妇俩终于订下了车，交了订金，销售顾问约定他们周六来提车。

情境：（1）在交车的过程中，张先生、王小姐带一个买过车的同事一起提车，在精品柜看中一个价值 800 元的亚麻坐垫，要求销售顾问优惠打 5 折；交车时销售顾问自费送给了客户两个苹果和一个精美的钥匙扣，客人很惊喜。

（2）交车后，销售顾问在客户提车后的 2 小时，估计客户到家了打第一个电话，询问是否顺利，再次恭喜客户购车之喜。

（3）在提车后 24 小时～3 天内打了第二个电话，询问客户车子使用是否正常，是否有使用时不清楚的地方，客户表示满意。

（4）第三次电话回访是在厂家回访后的几天，询问一些使用情况，并温馨提醒客户新车首保是非常重要的，会影响到以后的驾驶和油耗。一般是 5000 公里或者半年为一个时间点，所以如果公里数没到的话那就按时间。电话回访过程中张先生提出，他朋友看到他的车后也想买一台，询问转介绍的好处。销售顾问告知如果买威驰可以送一次免费保养。如果买价位高些的，可以多送。

实训目标

1．在交车时能对车辆及相关文件做好交接和确认。

2．能在交车过程中向客户提供满意的服务和产品，确保客户对本品牌的高忠诚度。

3．掌握售后服务跟踪的技巧，对客户进行回访，维系良好的客户关系，让保有客户介绍新客户。

4．能在工作中与同事团结协作。

工具

- 资料交接清单
- 所有的随车文件
- 结算单
- 仪式场地
- 新车（丰田威驰）
- 相机
- 交车礼品
- 电话
- 登记本

实训过程

1．相关视频观看（教师在旁讲解、引导、点评），或者实训之前到汽车 4S 店观察过销售顾问的新车交付过程及电话回访，了解真实环境中新车交付过程及电话回访情景，并进行分析讨论。

2．任务呈现。学生阅读情境卡，教师适当讲解，接受学生提问，学生要自我消化每个角色的权利和义务、角色间的相互关系、回旋余地。师生进行任务的讨论。

3．分组。8人一组（视班级人数而定），一人扮演销售顾问，一人扮演客户（具体视情境而定），其他同学当本组观察员。时间允许的条件下互换角色。

4．全班抽取责任心强的5人组成考评员。（也可直接由教师来考评打分）

5．每组拟订情景演练计划（写角色扮演的文字稿）。

6．教师查阅各组情景演练的方案，并分析其可行性。

7．学生施行演练，本组观察员观察评估，教师指定一名学生全程录像（有条件的学校可以执行此方法），考评员打分。

8．师生反馈。教师播放学生角色扮演的录像（有条件的学校可执行此步骤），让学生与企业真实流程相对比，或者通过观察员发言，学生总结、分享（包括专业技能、工作态度及团结协作三个方面）本次实训的收获，指出要改进的地方。教师总结本次实训。

9．每组展示角色扮演的文字稿，上交反馈表和该次角色扮演的文字稿。

必要的知识点回顾

步骤要点：资料准备—车辆准备（PD.I检查等）—预约来店—热情接待—尾款结算—车辆检验—功能讲解—文件交接—服务介绍—交车仪式—送别赠语—回访设定。

标准流程回顾

新车交付及跟踪回访流程见表5-22、表5-23。

表5-22　新车交付流程

细化流程	规范语言	标准动作
1．资料准备	交车清单、结算单、验收单、牌证资料、随车资料、保险文件、服务流程指引	
2．车辆准备	外观确认、装潢验收、车牌及标示安装、交车装饰、随车工具核实、PDI检测	

续表

细化流程	规范语言	标准动作
3．预约来店	1．××先生您好，我是中达丰田的×× 2．有个好消息要告诉您，您的车辆手续已经办理完成，随时可以过来提车啦。您看什么时间过来提车，我为您提前准备好一切工作 3．有几个人同来呢，我好为您准备好相应的礼品 4．好的，我们就确定在××时间，到时恭候您大驾光临	1．确定客户来店时间 2．确定来店方式 3．确定客户来店人员
4．热情接待	1．××先生您好，我在这里等候多时啦，恭喜您今天提车之喜啊。来，里边请 2．您今天真是人逢喜事精神爽啊，气色真好 3．你可真准时啊，时间刚刚好	1．客户来店预约时间前 5 分钟去展厅门口等待 2．与保安人员沟通，及时通报客户来店情况，出门迎接
5．尾款结算	1．××先生，这是我为您准备的购车款项结算清单，您核实一下 2．如果没有异议，我们就共同到财务室去结算一下尾款吧	1．财务人员恭喜客户提车之喜 2．请财务人员协助办理新车出库手续
6．车辆检验	1．请您确认下车辆外观，随车工具，车辆装潢等项目 2．如果没有异议请在车辆验收单上签字确认。谢谢	
7．功能讲解	1．您的驾车经验很丰富，对于这辆新车，您最需要了解什么操作功能呢 2．您也可以动手操作一下，其实是很简单、方便的	1．咨询客户需求重点 2．根据客户要求进行讲解 3．动手操作并引导客户进行二次操作 4．根据功能讲解清单，逐项讲解并请客户签名确认
8．文件交接	按清单认真交接随车资料、牌证资料、保险文件、保修证明等，请客户核对并签名确认	
9．服务介绍	对车辆售后服务、保修范围、保养内容、保险理赔和 24 小时救援等认真详细地进行讲解，并回答客户提问	
10．交车仪式	专用交车区、陪同人员、相机、交车礼品、鲜花、音响设备	
11．送别赠语	1．新车问题 2．回家路途注意事项	
12．回访设定	确定回访时间及方式内容	
13．让保有客户介绍新客户	您如果感觉车子用得好，记得帮我介绍新客户来哦，我会按照公司的政策给您送工时费、机油、机滤代金券、四轮定位代金券或其他礼物的	

表 5–23　　跟踪回访流程

细化流程	规范语言	标准动作
1．目的设定	1．业务话题…… 2．感情沟通…… 3．问题回复……	

续表

细化流程	规范语言	标准动作
2．时间选择	1．选择上次预约时间 2．提前短信确认 3．选择合适的时间	
3．问候致意	1．××先生您好 2．××总中午好	
4．自我介绍	我是中达丰田的×××	
5．概述来意	这次电话是想告诉您一个好消息，就是想关心一下您的车辆使用情况，同时提醒您一些注意事项	
6．“争”求许可	大概需要 2 分钟的时间，可以吗	
7．话题展开	1．您的新车现在的使用状况还好吗 2．有什么使用方面不清楚的地方吗	
8．解答疑问	1．这个问题是新车磨合期普遍出现的现象，你真的很细心啊。不用担心。需要做过首次保养后就会好啦 2．您提出的问题产生的原因是这样的……并且在使用手册中有注明	
9．抗拒处理	1．哦，看来这样的问题我也是第一次遇到，具体的原因我还无法解释。我建议您回厂诊断一下 2．其实在新车磨合期间出现些异常现象也是很普遍的，不用担心 3．感谢您对我们的服务提出的宝贵意见，给您造成的影响我也表示遗憾，我会尽快向领导反映这个问题，给您一个合理的答复，请您放心	1．耐心处理 2．积极倾听 3．情感认同
10．记录归纳	1．帮您记录一下问题，再咨询下我们的高级维修顾问。看看是什么原因造成的这种现象 2．请您重复一下，我正在帮您记录 3．您稍微说慢点，我帮您把问题记录下来	记录重点，注明客户的具体反应，方便进行事后的处理
11．回访设定	1．您看我在什么时间再和您联系好呢 2. 针对您提出的问题我会在 24 小时内答复您，您看在什么时间会比较方便呢？ 3．我会用短信的方式与您确认，您看可以吗	
12．让保有客户介绍新客户	记得帮我介绍新客户来哦，我会按照公司的政策给您送工时费、机油、机滤代金券、四轮定位代金券或其他礼物的	

查资料做准备

记录：

角色扮演的文字稿：（可用附页粘贴此处）

评价表

表 5-24　新车交付及跟踪回访考核评价表　被考评人（小组）：________ 考评员（教师）：________

评价项目及标准		分值	自评	互评	考评员评价	得分
1．销售顾问热情迎接客户到来，接待礼仪规范		5				
2．是否查收完提车手续（中标通知书/合同/代付款证明/定金收据/提车人身份证等），尾款结算		5				
3．是否有简短介绍交车过程，并询问客户是否有足够时间交车		5				
4．共同确认车辆外观、随车工具、赠送物件、车辆装潢等项目，若无异议请客户在车辆验收单上签字确认		5				
5．文件交接。按清单认真交接随车资料、牌证资料、保险文件、保修证明等，请客户核对并签名确认		5				
6．功能讲解。根据客户要求进行讲解，动手操作并引导客户进行二次操作，根据功能讲解清单逐项讲解，并请客户签名确认		5				
7．手册说明	保修项目说明	5				
	定期保养说明	5				
	使用注意事项说明	5				
8．服务介绍。介绍服务顾问认识客户，对车辆售后服务、保修范围、保养内容、保险理赔和 24 小时救援等认真详细地进行讲解，并回答客户提问		5				
9．交车仪式。感谢客户购车，在专用交车区与相关陪同人员一起合影，赠送鲜花或在车头放置苹果		5				

续表

评价项目及标准		分值	自评	互评	考评员评价	得分
10．送别赠语。热情洋溢的祝福话语，交代回家路途注意事项或交通指引		5				
11．回访设定。确定回访最佳时间及方式内容		5				
12．回访时，是否感谢、恭喜客户购车，是否有自报家门，告知来电的原因		5				
13．是否确认客户有时间交谈，并做出相应的应对		5				
14．电话关怀	询问交车后车辆是否有异常状况	5				
	询问车辆各部件操作是否有不明了之处	5				
	询问车主使用后满意度如何	5				
	提醒首保	5				
15．是否主动要求车主转介绍		5				
.总分		100				

实训反馈

通过录像对比（有此条件的学校可执行该步骤），或通过观察员的发言，学生反思本次实训自己掌握了什么技能，不足的是什么，后续如何改进。（从专业技能、工作态度及团结协作方面总结）

学习成绩统计

任务七的教学任务完成后，对本任务中的各个理论学习领域、技能训练成绩进行学习成绩统计，见表 5-25。

表 5-25　　任务七学习成绩统计表　　考核教师签字：________

序号	考核内容	配分	评分标准	自评	互评	教师评价	得分
1	小组活动中本人的贡献度	10	销售顾问（10） 客户（7）、观察员（5）脚本创作（8）				
2	职业态度	2	纪律				
		3	团结协作程度				
		5	积极参与				
3	基础知识选择、填空	18	正确完成所有题目				
4	实训任务 1 模拟新车的 PDI 检查	10	会检查每个项目				
5	实训任务 2 汽车使用手册的讲解	12	按照任务评价表评分				
6	实训任务 3“新车交付及跟踪回访”，折算系数为 0.4	40（100 分×0.4）	按照任务评价表评分，再乘以折算系数 0.4				
合　计		100					

拓展训练

一、2014 年销售流程实操考核——三菱劲炫

广汽三菱劲炫精英版目前展厅政策：官方指导价 15.98 万元，特装车 18.18 万元，本月特惠 1.8 万元。办理广汽汇理车贷免息。销售顾问权限 2 万元。

客户基本情况：

客户：一位 40 多岁的母亲张女士是大学老师，儿子大学毕业 1 年，在中国电信上行政班。

现况：目前家里有一台老款中华，已使用了 7 年。

需求：想帮儿子买车上下班用，休假时可一家人在城市周边游玩，所以考虑小型的 SUV。

购车原因：儿子上班比较远，平时节假日自驾游，考虑省油的小型 SUV，代步、旅游都适合。

预算：预算上完牌 15 万元左右，刚买新房子需要装修，预算不是很足，想买低配置的裸车。

考点 1．来电+客户跟进

情境：母亲看到小区电梯广告有劲炫的免息按揭购车宣传，看到车型、价格 12.88 万元起也比较合适，于是打电话到店来咨询。

参考问题：1．想问问广汽三菱劲炫有什么车型。2．以价格 12.88 万元就能买到？3．办按揭可以不用利息吗？价格还能优惠吗？

考点 2：展厅接待+产品推荐

母亲第一次来三菱展厅，之前有去看过逍客，觉得逍客尾箱空间比较大。

考点 3：试乘试驾

（1）试驾之后，客户提出噪音大，感觉密封不好，而且音响很一般。

（2）感觉避震稍硬，她原来的轿车就没有那么硬。

（3）提速和操控等整体倒是觉得很不错。

考点 4：价格谈判+成交

（1）客户在网上看过广东裸车的价格，觉得我们的优惠价有接近 2 万元的差距；

（2）客户单位以前都是用三菱车，算是老客户了，能不能多优惠一点……

（3）目前资金只够买低配的车，但又喜欢高配置的特装车，怎么办？推荐办理首付 50%，第二年再付 50%的按揭类型。

（4）客户最终选择一次性付款，交 5000 元定金（能不能不交定金，或只交 500 元定金）。

考点 5：交车+电话回访

（1）付款：客户的信用卡，开票开儿子的名字。

（2）客户要刷 3 张卡，根据公司规定，要收取第三张卡的手续费 80 元。

（3）交车后，销售顾问电话回访，客户表示车子使用得满意，就是导航的一些功能忘记怎么用了……

二、2014 年销售流程实操考核——现代格锐 SUV

客户背景：某装修公司老板陈女士，年龄 40 岁左右，有两个小孩，之前使用凯美瑞，对丰田品牌比较信任，由于业务扩大，需要增购一辆大空间的 SUV，预算 40 万元内上完牌，既要满足商务又要适合家用，偶尔还需要装运一些装修的材料，对比丰田的汉兰达和福特的锐界，对车的质量和油耗比较在意。

考点 1：来电咨询+客户跟进

情境简介：陈女士在网络上了解到现代格锐车型，先打电话到展厅咨询车辆的尺寸、空间、价格，但发现店内报价比官方指导价高出 1 万元。

考点 2：展厅接待+产品推荐

情境简介：陈女士受邀请带朋友到店看车，认为汉兰达 2.7 的排量比较合适，油耗应该不高，担心格锐 3.0 排量油耗太大，对柴油和四驱不太了解，但不排斥柴油版。

考点 3：试乘试驾

情境简介：对陈女士进行电话邀约试乘试驾，客户来店后对柴油版格锐进行试驾。

考点 4：价格谈判

情境简介：陈女士试驾后再次进店，如果价格合适就在当天订购，想办理按揭。原优惠价格为 1.5 万元，通过试驾的油耗成绩获得了多优惠 3000 元的优惠，希望能优惠至 2 万元。客户最终选择一次性付款，交 5000 元定金（能不能不交定金，或只交 500 元定金）。

考点 5：交车+回访

情境简介：尾款刷客户的信用卡，开票开先生的名字。客户要刷 3 张卡，根据公司规定，要收取第三张卡的手续费 80 元。回访时表示，感觉油门踏板较重，驾驶比较累。

<table>
<tr><th colspan="9">2014 年 8 月份现代销售政策</th></tr>
<tr><th>车型</th><th colspan="2">配置</th><th>前装情况</th><th>销售价格</th><th>促销政策</th><th>赠送精品政策</th><th>销售经理权限</th><th>总经理权限</th></tr>
<tr><td rowspan="6">格锐</td><td rowspan="3">汽油</td><td>3.0 舒适版</td><td>踏板+护杠</td><td>339800 元</td><td rowspan="3">15000 元现金优惠</td><td rowspan="6">一、10000 元礼包（底盘装甲 2000 元、五次免费保养 3000 元、全车西玛贴膜 3000 元、原厂脚垫 1000 元，一年 Bluelink 使用费 1000 元）
二、在店内购买商业险可升级 4500 元的强生贴膜</td><td rowspan="3">3000 元现金优惠</td><td rowspan="3">2000 元现金优惠</td></tr>
<tr><td>3.0 豪华版</td><td>踏板+护杠</td><td>368800 元</td></tr>
<tr><td>3.0 旗舰版</td><td>踏板+护杠或日行灯</td><td>383800 元</td></tr>
<tr><td rowspan="3">柴油</td><td>2.2 舒适版</td><td>踏板+护杠</td><td>334800 元</td><td rowspan="3">15000 元现金优惠</td><td rowspan="3">3000 元现金优惠</td><td rowspan="3">2000 元现金优惠</td></tr>
<tr><td>2.2 豪华版</td><td>踏板+护杠</td><td>363800 元</td></tr>
<tr><td>2.2 旗舰版</td><td>踏板+护杠或日行灯</td><td>378800 元</td></tr>
</table>

三、2014 年销售流程实操考核——雷诺科雷傲

客户：开的是老款的大众速腾 1.6 自动挡

家庭背景：私营业主，做酒水批发生意，40 岁，有一个 9 岁的小孩。

现况：2007 年购买速腾 1.6 自动挡，7 年使用中总体还不错，优点是底盘扎实，安全性好；缺点就是小毛病比较多，比如，玻璃升降器坏，空调压缩机坏，提速慢，动力差。对欧洲车信心好，对比车型考虑途观 2.0T。

购车原因：增加一台既体面又能商务、家用兼顾的 SUV，很注重安全性，偶尔出去郊游，通过性好为佳。

预算：裸车价 25 万元至 30 万元。

流程一：来电咨询+客户跟进

情景：在网上汽车之家看到雷诺科雷傲的消息，询问价格区间，是否有优惠。

电话参考问题：1．是不是有一款科雷傲？2．价格区间是否有优惠？3．有现车吗？

流程二：展厅接待+产品推荐

朋友建议他买途观。关注点：注重安全性、稳定性，通过性较好，维护费用低。

参考问题：1．途观推出了新款，外形很漂亮，而且大众品牌好，2.0T 的发动机技术很先进。2．这款车的轴距是多少？两款车的离地间隙分别是多少？3．大众车型认可度很高，而且保有量多，科雷傲车型原装进口的好在哪里？

流程三：试乘试驾

试驾过后，客户觉得科雷傲发动机提速有些慢，而且发现产地在韩国，而不是在法国本土。

参考问题：这车的提速不是很快，没有涡轮增压发动机的推背感；这车怎么会是韩国生产的，不是法国本土的？

流程四：价格谈判

客户基本上对车型比较认可了，看优惠幅度可以成交，经过推荐、洽谈，认可科雷傲 2.5 四驱舒适导航版 288,800 元

参考问题：价格再少点，要是没有什么优惠就考虑大众途观 2.0T 了。

流程五：热情交车+持续关怀

客户选择转账提车，客户急着想提车，且是公司转账代客户付款开票为客户名称，需要提供代付款证明。电话回访表示满意。

四、2014 年销售流程实操考核（中国一汽—森雅 S80）

流程一：电话接待+邀约来店

背景：张小姐是一名个体经营户，目前在和平商场做服装批发零售的，在网上看到关于

中国一汽“2014 真爱在森雅，千里回娘家”的大型公益活动宣传图片，于是打电话到4S店。

现况：张小姐现有一台奥拓车，已经使用4年了，打算置换一辆8万元左右的车辆。注重空间、性价比、维修方便等因素，同时因做生意资金周转紧张，所以考虑贷款，首付款最好在3万元以内，且月供最好是在2500元左右。

其他方面：去年银行贷款刚买了一套房，爱人是安徽人，在一所小学任教，有一个3岁的儿子。对家的观念很强，每年春节都回安徽老家过节。因商场的同行都在使用五菱面包车，后经朋友介绍正在对比五菱宏光。

参考问题：1. 你们一汽的森雅现在价格是多少？2. 有什么颜色的？3. 现在正在做千里回娘家的活动，还能再优惠多少钱？4. 4S店能做旧车置换吗？5. 贷款方不方便，容易吗？

流程二：展厅接待+产品介绍（需求探询+产品推荐）

情境：张小姐第一次进店看车，过程中，张小姐提出觉得五菱宏光比较实用，认为路上跑得比较多，是大家都选择的车型，它的产品质量和售后服务肯定让人放心。

参考问题：1. 新款与旧款的森雅有什么不同，是不是减配置了？2. 这发动机是进口的吗，它和国产的有什么不同？油耗会不会比国产机高呢？3. 万一发动机坏了怎么办，配件会不会很难买到？4. 4S店服务站多吗，春节我回安徽老家时，万一车子在那边坏了怎么办，能不能保修？

流程三：试乘试驾（邀约+流程）

情境：1）市场实际邀约过程中，客户认为今天下雨，路上有点滑，怕行车不安全而拒绝试乘试驾；

2）试驾后评估，客户对车辆加速性不满意，体现不出进口发动机的优点。

参考问题：1. 今天刚下完雨，路上积水较多，车辆容易打滑，万一出事了怎么办？2. 这车子加速较慢，一点都感觉不出有进口发动机的优点，这不会是套牌的产品吧？

流程四：协商成交（价格谈判、精品保险车贷）

情境：1）张小姐在网上查询过价格，这里的价格比网上的偏高了5000元。再优惠点，价格合适的话，今天就订车。

2）你们这儿贷款的利息也太高了，保险也比外面的贵，不打算在这里买保险。并对贷款手续费提出异议。

参考问题：1. 你直接给个底价，合适就买了。2. 这3000元礼包我也不要了，你直接折为现金吧！3．你这里的保险费太贵了，我只要买交强险就行了，不买商业险。

流程五：交车+电话回访（交车、保修知识、转介绍）

情境：张小姐来店提车，让销售顾问加满一箱油。交车后回访：抱怨空调不够凉。

老客户转介绍：夏利、威志系列送一次保养，森雅系列送两次保养。

中国一汽森雅8月销售政策

序号	车　　型	统一报价	车型说明	促销政策
1	14 款森雅 S80 手动经典豪华型（5 座）	75900 元	导航+后可视+皮座椅	8000 元（含：5000 元现金+3000 元礼包+3 年或 6 万公里免费保养）
2	14 款森雅 S80 手动经典豪华型（7 座）	76900 元	导航+后可视+皮座椅	8000 元（含：5000 元现金+3000 元礼包+3 年或 6 万公里免费保养）
3	14 款森雅 S80 自动豪华型（5 座）	84900 元	导航+后可视+皮座椅	8000 元（含：5000 元现金+3000 元礼包+3 年或 6 万公里免费保养）
4	14 款森雅 S80 自动豪华型（7 座）	85900 元	导航+后可视+皮座椅	8000 元（含：5000 元现金+3000 元礼包+3 年或 6 万公里免费保养）
5	14 款森雅 S80 运动舒适型 5 座	76900 元	导航+后可视+皮座椅	6000 元（含：3000 元现金+3000 元礼包+3 年或 6 万公里免费保养
6	14 款森雅 S80 运动舒适型 7 座	77900 元	导航+后可视+皮座椅	6000 元（含：3000 元现金+3000 元礼包+3 年或 6 万公里免费保养

汽车销售流程——现场销售技能综合考试

班级　　学号　　姓名　　同组人：　　成绩			
一、仪表面貌（10 分）			
项　　目	满分	得分	标准分
衣服	4		是否穿工作服，是否整洁，无破损，平整顺眼
精神面貌	4		头发是否梳理整齐，长度、颜色是否合乎规范，是否有胡子等，是否有耳环、戒指等装饰物，妆容合乎规范
			脸上有无比较自然的笑容，并一直保持
资料夹	2		车型资料，客户登记本，名片，笔等工作物品
小计			
二、接待礼仪（10 分）			
项　　目	满分	得分	标准分
自我介绍	2		简明、幽默，能让客户容易记忆，表达：语速、语调

续表

项　　目	满分	得分	标准分
名片递、接	2		从资料夹或上衣口袋拿出，双手递交，眼睛平视；双手接回，迅速浏览，大声朗读，妥善放置
对客户的称呼	2		先生、领导、老板、大哥，女士、小姐……
拉近距离消除紧张	2		用恰当的方法寒暄、破冰
站立的位置	2		是否始终与顾客成 90 度？是否始终保持适当的距离
小计			
三、对客户资料的询问（20 分）			
项　　目	满分	得分	标准分
是否在适当时机获取客户的基本信息（最后面才问的扣 7 分起）	10		与客户沟通融洽，建立信任，是否通过交流知道了客户的购车意愿。（含车辆用途，谁开，颜色喜好，排量，波箱，预算，计划什么时候买）
是否能用两种以上方法询问客户的信息（扮演客户的同学不允许第一次问时就说出电话）	10		1．介绍公司或工厂有周年庆典，名额有限，如果对车有兴趣，届时邀请参加需留电话
			2．邀请进行试乘试驾，登记驾驶证和电话
			3．告知填表可以参加免费抽奖，奖品丰富
			4．有意向贷款买车的，请填写银行贷款申请，留下联系电话，看看银行能否批下来，是否贷款由您来决定
			5．近期有本车的车友会活动，尚有部分名额，感兴趣的速速填表登记
四、车辆介绍，消除疑问（60 分，介绍 30 分，回答疑问 30 分）			
项　　目	满分	得分	客户常见问题
六方位中客户必问的问题	30		1.3L 的排量，够力吗？坐满人跑乡下不行吧
			发动机是不是进口的？国产的行吗？市场占有率好像不高啊，维修方便吗？配件好找吗？
			这个车皮也太薄了吧？轻轻一按就凹下去了，太没有安全感了吧……
			车门关门的声音听起来很单薄嘛
			内装饰的装配看起来很粗糙的样子，是中控门锁？
			居然还是单碟 CD 机，也太老土了吧
			后排座椅够宽吗？很可能会顶膝盖或者窄得不行
			行李箱好像挺小的嘛
			轮胎是多大的？轮辋呢？前后刹车都是盘式吗

续表

项　目	满分	得分	客户常见问题
六方位中客户必问的问题	30		这车看起来不够大气
消费贷款知识	10		上个牌要经历多少阶段？各要花多少钱？要多久可以办完？不是本市的人可以买车上本市的牌吗？单位的车还要额外办个什么证？是否可以代办？多长时间办完？
上牌流程及费用	10		能办理分期付款吗？对购车人有什么要求？最低首付款几成？最长可以贷多长时间？自己开个小公司也可以贷款买车吗？交了首付款后可以当场提车吗？
车辆介绍完整度	10		（至少三个方位，发动机和驾驶仓为必考，一个为临场指定）
车辆介绍内容			
1．车前45°方位：——长、宽、高、轴距、车重、品牌、理念、历史，可选颜色，外型线条			
2．驾驶座方位：——突出科技、操控、工艺、主动安全方面的配置			
A．安全性：防撞钢梁，防盗遥控锁，可调高度的预张紧安全带，主副驾驶座气囊，可溃缩的吸能转向柱			
B．驾驶的操控性：汽车操控的各功能键介绍，方向盘介绍，变速箱介绍			
C．乘坐舒适性：中控门锁，电动后视镜，FM/AM+单CD机和4喇叭音响，冷暖空调，座椅			
D．行李箱和油盖箱车内线控，点烟器可接车载逆变器遮阳板、工具箱			
3．后排方位：			
A．空间大小：2.5米轴距，后排座设计得很像沙发，可以变换角度或者平放，后排是否顶脚、狭窄			
B．舒适性：避震的设计、避震的效果，音响美妙动听			
4．行李箱：			
A．安全性：尾灯组（分别是什么灯）、高位刹车灯、保险杠，（倒车雷达）后窗玻璃加热除霜条，紧急停车警示牌			
B．方便性：1．容积达430升，可放几样东西？放平后排座椅后可放一些长的东西；2．全尺寸备胎；3．齐全的工具一套；4．行李仓照明灯			
5．车侧方：			
A．防撞钢梁、ABC柱；儿童安全锁，是否有窗帘式气囊保护头颈部　B．轴距、前后悬挂、轮胎的规格、品牌			
6．发动机方位：			
A．性能：排量，缸数，气门数，最大功率，马力，油耗，发动机特有技术VVT			
B．安全性：ABS、EBD的描述，可溃缩的前仓			

项目六 6 汽车销售相关服务

任务 汽车销售相关服务

基础知识测试

一、选择题（24 分）

1．以下哪个险种是上路的车辆必须购买的（　　）。

A．交强险　　　　B．车上人员责任险

C．自燃险　　　　D．盗抢险

2．保险购买后（　　）才生效。

A．立即　　B．当天凌晨 0 点　　C．次日凌晨 0 点　　D．次日早上 8 点

3．购置税在购置税征稽处缴纳，不需要提供（　　）。

A．购车发票　　　　B．车主身份证、复印件

C．纳税申报表　　　　D．交强险副本

4．不同的汽车型号交强险价格不同，主要影响因素是（　　）。

A．汽车的颜色　　B．汽车的轴距　　C．汽车的座位数　　D．汽车的排量

5．以下哪项不属于商业险中基本险里的险种（　　）。

A．全车盗抢险　　　　B．车身划痕险

C．车上人员责任险　　　　D．商业第三者责任险

6．上号牌领取到自己的所有资料后，在车前挡的（　　）贴上各种标志。

A．右下角　　B．右上角　　C．左下角　　D．左上角

7．以下哪些属于商业险中的附加险险种（　　）。（多选）

A．车身划痕险　　B．玻璃单独破碎险

C．自燃险　　D．不计免赔险等

8．汽车按揭销售首付款项目包括（若贷款为车价的70%），则为：（　　）。（多选）

A．车辆购置附加税　　B．30%的车款

C．保险费　　D．上牌杂费与上牌服务费

二、填空题（12分）

1．商业险主要分为________和________。

2．申请汽车贷款的两种方式是________和________。

3．购车税计算公式为____。购车款为17万元的家用轿车，其购置税应缴纳________元（RMB）。

三、判断题（12分）

1．如果机动车所有人、管理人未按照规定投保交强险的，公安机关交通管理部门有权扣留机动车，通知机动车所有人、管理人依照规定投保，并处应缴纳的保险费的2倍罚款。（　　）

2．交强险是赔付交通事故中被自家车辆碰上的人以及物品的损失，是赔付对方的，在没有人伤的情况下，最多赔付第三方损失2000元，第三方就是三者，是在你负事故责任的前提下你与你碰撞受损的那一方。（　　）

3．附加险不能独立投保，而必须依附于相应的基本险才能投保。（　　）

4．在上商业保险的时候，很多人就会因为那高昂的价格望而却步。其实，一般情况下让大多数车主购买三大主要险种：车损险，第三者责任险，不计免赔险就足够了。（　　）

5．缴纳购置税如果是进口车辆还需提供海关货物进口证明书及复印件，商品检验单及复印件。（　　）

6．上牌验车前能对车辆进行适当改装，包括贴车窗膜、安装尾翼、挡泥板。（　　）

技能测试

一、技能测试（每个技能点14分）

1．上牌流程有哪些？

2．列举至少三种附加险。

3．一般申请汽车贷款的条件有哪些？

二、案例分析（10分）

销售顾问建议一名40岁左右的公务员为他的20万元左右的别克轿车购买的险种组合为：车损险+第三者责任险+车上人员责任险+玻璃单独险+不计免赔险。

请分析该组合是适合急于上牌照或通过年检的人，还是适合有一定经济压力的车主，或是精打细算的人的最佳选择，抑或是适合有较好的稳定收入的人？

分析：____

____

____

学习成绩统计

本项目的教学任务完成后，对本项目各个理论学习领域、技能训练等成绩进行学习成绩统计，见表6-1。

表6–1　　项目六学习成绩统计表　　考核教师签字：________

序号	考核内容	配分	评分标准	自评	互评	教师评价	得分
1	汽车消费相关服务知识的选择题	24	能正确完成所有选择题				
2	汽车消费相关服务知识的填空题	12	能正确完成所有填空题				
3	汽车消费相关服务知识的判断题	12	能正确完成所有判断题				
4	上牌流程及车贷所需条件	42	能正确熟记上牌流程及办理贷款所需条件				
5	车险组合的案例分析	10	能运用各险种综合分析				
合　计		100					